心 くなる

比べない習慣

玉置妙憂

日本実業出版社

はじめに

「比べる」ことから生まれる悩み

ある30代後半の女性から「私、自信がないんです」と相談を受けました。

ご本人によると仕事は順調、見た目も可愛らしく、十分自信を持っていいような方です。

彼女は子どもの頃、そそっかしくて忘れ物が多く、運動も勉強も苦手。親にも教師にも、あきれられ、いつもお姉ちゃんと比べられて叱られてばかりいたそうです。

一生懸命努力して、人並みの大学を出ていい職場に就職したけれど、心の中には叱られてばかりだった過去の自分がいて、自信が持てないとのこと。

「いまでも、まわりの人と比べて自分はちゃんとできているか、ちゃんと人並みかどうかが気になってしまうんです」

と、その女性は言います。

比べられた経験がいつまでも心の中にトゲのように残っていて、何かを決めるとき、まわりの人と比べて及第点かどうかが気になる。誰かに比べていいか悪いかでジャッジしてしまう。そんな方は、実はとても多いようです。

次に、40代の女性のお話をうかがっていたときのこと。病で死期が近づいている方でした。

「私は、ろくな生き方をしてこなかった」。

自分は結婚したことがない、子どももいないから、「ろくな生き方ではなかった」と、その方はおっしゃいます。

「普通」や「人並み」という言葉を何度も口に出され、「**普通の幸せでいいから、せめて人並みの幸せを手に入れたかった**」としきりになげいていました。

具体的な比較対象があるわけではないけれど、世間一般のイメージと、自分の人生を比べられていたのでしょう。

そうして、自分が選ばなかった人生をなげいていたのです。

どちらの方も、誰かや何かと比べて優劣を判断し、劣等感にさいなまされています。

子どものころ「比べられて悲しかった」のに、大人になったいま、結局他人と比べることで自分の価値を判断してしまう。

「結婚して子どもを育てるのが女性の普通の幸せだ」「それなのに、私はそれができなかった」と人と比べて落ち込み、「結婚して子どもを持たなかった自分」を死の間際まで悔やんでしまう。

私は看護師として、僧侶として、死にゆく方の心に寄りそう活動をしています。最近ではお元気で生きている方が、よりよく生きるための人生相談、悩み相談などをお受けする機会も増えてきました。

その中で、死にゆく方も、いまを生きる方も、悩み事には共通点があると感じるようになりました。それが**「比べる」**ということ。

ただし、私はこうした「比べる」という思いを否定することはありません。こうした問いに答えはありませんから、「そんなことはありませんよ」と否定もしなければ、「バカなことを言わないでください」ととりなすこともしません。

ただ黙って、その言葉を傾聴するだけです。


いろいろな方の相談を聞いていると、人間の悩みの根本には、**「比べる」気持ちがあると感じます。**

比べて悩むとは、世の中の常識や当たり前など、「与えられた価値観に従う」ということでもあります。

子どものときは、親や先生が言ったことを守るとほめられます。

そのまま大人になり、会社では上司の言うことに従い、友だちづきあいでは声の大きい人に従い、母親同士のつきあいの中でも右にならう。

そういう生き方は、実はラクな面もあります。

でも、そうして誰かに与えられた価値観に従って生きていると、自分の頭で考えて判断することができなくなります。

「こう言われたから、こうしなければいけない」「世の中の普通にあわせなければならない」ことばかりが気になってしまうのです。

自分はそうしたくないけど、あの人に言われたからしなければならない。

自分は真面目に従っているのに、報われない。

自分の行動や評価の基準を他人や世間のほうに置き、つねに「人と比べて自分はどうか」と人目を気にしては、何かあるたびに「どう行動したらいいのか」と悩んでしまう。

誰が決めたかわからない「普通」や「世間」、「人並み」などという幻想の檻《おり》にしばられて、自分で自分の人生を窮屈にしています。

そうではなく、他人や世間と比べず自分自身で心を満たせることができれば、人生はもっと生きやすいものになるのではないかと感じさせられます。

自分の軸を持つということ

もちろん、私たちは他人の視線や評価から完全に逃れることはできません。つねに誰かと優劣を比べられながら生きています。

ただ、どうしても比べざるを得ないとしても、「みんなはできていることが、私にはできなかった」と、ネガティブな比べ方をして生きてきた人は、最期までネガティブな比べ方をしてしまう傾向があると感じます。

そうではなく、「私はこの生き方を選んだのだから、これでよかったのだ」と自分の軸を持ち、自分なりの生き方をしてきた人は、心おだやかに最期の時を迎えていらっしゃることが多いものです。

人の死に、いい死に方も、悪い死に方もありません。

けれど、私たちは、心おだやかに亡くなっていく人たちの生き方から学べることもあるはずです。

それは、自分の軸を持ち、それぞれの人生を存分に生きるということ。

まったく人と比べないことは不可能だとしても、妬《ねた》みや嫉《そね》みに振り回される経験を、少しずつ減らしていくことはできます。

劣等感や優越感など、さまざまな「比べる」気持ちを和らげ、おだやかな心持ちにしていくことはできるのです。

比べられて傷ついた心を自分で鎮める方法や、人と比べずに生きる方法もあります。

私たちの人生は一回きりです。

そして人間は「生・老・病・死」の四苦からは逃れることができません。

それをどう受け入れるかは、一朝一夕でなんとかなるものではないのです。

大切なのは、日々の積み重ね。

おだやかに死にたいと思うのなら、それまでをおだやかに生きるしかない。

多くの方の死に際を見てきた私はそう思うのです。

・いつも人と比べられて、傷ついている方
・人の幸せを素直に喜べない方
・どうしても、自分に自信が持てない方
・いつも心がモヤモヤしている方

もしもそういう方がいらっしゃるのならと思い、私の体験や仏さまの教えから、私たちが学べることをつづらせていただきました。

すぐにはできなくても、できることから少しずつ。

ひとつでもヒントにしていただければと、心から願っています。

第1章　「比べる」と落ち込む。

第2章　比べる自分から逃れる「気づく」習慣

第3章 比べる自分から逃れる「リセット」する習慣

第4章 「いい比べる」を増やして生きる

ブックデザイン　杉山健太郎
編集協力　真田晴美
写真　野中弥真人
本文DTP　ダーツ

第１章

「比べる」と落ち込む。

心のザワザワ・モヤモヤは「比べる」から生まれる

先日、「ママ友との関係が気になっています」という相談を受けました。

その方には、小学2年生のお子さんが幼稚園の頃から一緒のママ友がいるそうなのですが、何かと対抗してくるので、困っているとおっしゃいます。

たとえば、ホテルでお友達とランチしたことをSNSにアップしたところ、そのママ友から「あのレストランって、値段の割にイマイチじゃない?」とダメ出しのコメントが書き込まれたり、顔をあわせたときに「ほかのホテルのほうがおいしかった」という話を延々とされたりするのだとか。
また、どうやら、そのママ友から「SNSで自慢ばかりしている」と陰口を叩かれてもいるそうです。

何かと競ってくるママ友にモヤモヤする。その人の言動を見るにつけ心がザワザワしてやりづらい。というご相談なのですが、ご自身も、一生懸命、SNSにアップしているわけです。

食べたモノや持っているモノ、行ったお店、お友達……自慢しているという自覚はないかもしれませんが。

でも、人から「いいね」と言ってもらうことで自分を形づくろうとしている時点で、軸は自分の中ではなく、他人の中にあります。つまり、「比べてよりよい」という、他人の価値観に乗っているのです。

人から認められるか、認められないか。自分の言動にそうしたフィルターがかかっていることに、本人は気づいていないかもしれません。

でも、おそらく、まわりのママ友は気づいています。

あの人、興味のないようなふりをしているけど、実はブランド物や、ホテルのランチや、人がうらやましがるようなこと、大好きじゃない——と。

だから余計に、嫉妬心があおられて対抗したり、あることないこと陰口を叩いたりするのかもしれません。


自分の軸で生きていない、他人の価値観にとらわれていると、自分と他人を比べたり比べられたりしてしまい、心はザワつきます。けれど、自分の軸で生きていないことは、案外気づきにくいものです。

ですから、何かモヤモヤする、ザワザワするなら、自分の軸がどこにあるのか、他者に軸を置いていないかを一度、じっくり考えてみましょう。

SNSをやるのもいいですが、他人からの賞賛で自分自身を形づくろうと思わないことが大切です。

私たちは生まれる前から比べられている

なぜ自分の軸よりも他人の価値観や他者の軸が気になるのかといえば、ひとつには、日本の社会が共同体を大切にしてきたという側面があるでしょう。自分たちが協力して暮らしている社会を壊さないために、まわりに迷惑をかけてはいけない、あるいは迷惑をかけるような人間だと思われてはいけないという共通認識が、古来、日本人にはあったのではないでしょうか。

だからこそ、現代においてなお、自分の軸ではなく、他者の視線が私たちをしばっているのです。

もちろん私は、他者の視線は必要ない、などというつもりはありません。また、自分の軸を持ちましょうというと、では「自分の好きなようにしてもいいのか」という思いを持つ方もいらっしゃるかもしれません。

それは少し違います。

人は皆、社会の中でともに生きていますから、自分さえよければほかの人はどうなってもいい、迷惑をかけてもいいということではありません。まわりの人の話をよく聴き、相手の考えを尊重することが大切です。

自分と相手を比べるためでなく、相手のことをよく知るためにこそ、相手の話を聴く必要があるのです。人と違う考え方が尊重される社会は、多様な生き方が尊重される社会でもあります。

そもそも、「ほかの人と比べて、自分はどうだろうか」と比較して考えることと自体は悪いことではありません。

考えてみれば、私たちは生まれる前から比べられていますよね。

お母さんのお腹の中にいるときから、何週間でこれくらい、何か月でこれくらいと、体重や成長過程を示す基準値のデータと比べられます。

基準よりもいちじるしく小さな場合や大きな場合にはなんらかのトラブルが隠れている可能性もありますから、医療現場において比べて異常値を見つけることは、危険を回避するための当然のアプローチといえます。

このように、科学の発展のためにも、比較は欠かせないものです。

ですから、比べること自体には「いい」も「悪い」もありません。

何かと何かを比べていいほうを選ぶ。

この土地と向こうの土地。どちらに住んだほうが、わが部族は栄えるか。こちらのほうが日が当たって暖かい。日陰を選んだほうは寒くて絶滅しているかもしれません。

比較は、生命をつなぐための戦略として当然のことでした。比べることを繰り返し、それに成功してきたからこそ、人間は栄えてきたのです。

きちんと比較検討をしなければ、損をすることもあります。

A店とB店で同じものを売っているとき、どちらが安いか、どちらの品質がいいか、どちらのサービスが良質かなど、さまざまに比較検討しなければ、損をしたり、失敗をしたりすることになります。

買い物だけではありません。学校選びも、会社選びも、結婚相手を選ぶ際もいろいろな要素を比べて選びます。**人間にとって、比べ、比べられることは不可欠です。**

「自分の軸」を持って比べる

大事なことは、「なぜ、それを選ぶのか」、そして「自分はどうしたいのか」という自分なりの基準です。それが自分の軸を持つということです。

生物は生きるか死ぬかで選択をしてきましたが、もしも「人からどう見えるか」で選んできたら失敗していたでしょう。「人から見たときにかっこいいから、日陰に住んでみよう」では進化してこなかったはずです。

でも、現代に生きる私たちは、情報の氾濫《はんらん》の中で、自分の軸ではないもので比べるようになってしまいました。

たとえば、世間一般に存在する「勉強ができるほうがいい」という価値観。自分の内側に「勉強ができるようになりたい」という目的があるなら、それは素晴らしいことでしょう。

「誰にも負けたくない。自分が一番でいたい」という気持ちであっても、自分の中にはしっかりとした軸がある。

でも、お母さんに「勉強しなさい」と言われたからとか、「あの中学に行ったほうがいい」と言われたから勉強するというように、外側からの評価だけで勉強している子どもの場合、その心理は複雑になります。

子どもは子どもなりに親の期待に応えなければ愛してもらえないのではないかと感じるので、友達にテストで負ければ、友達の「せい」で、自分は親から認められなくなると感じてしまうでしょう。そのため、友達はよきライバルではなく、自分の存在意義を脅《おびや》かす敵になってしまいます。

またうまくいかなかったときには、自分で選んだことではないため、「お母さんがよけいなプレッシャーをかけたせいだ」と親を恨《うら》んだり、「〇〇さんは先生のお気に入りだから」と友達を中傷したり、自分の努力不足が原因ではなく、まわりが悪いせいだと責任転嫁しようとすることもあるでしょう。

これは大人でも同じですよね。

他者からの評価だけを気にしていたら、周囲の人はよきライバルどころか、極端にいえば抹殺したい対象になり、**「自分が認められないのなら、相手も認めない」という了見の狭い人間になってしまう**のです。

本来、自分はこれをしたいからやると純粋に考えて行動しているなら、そこにほかの人は関係ないはずですが、外からの評価を気にしているために、頑張っている自分が認められなければ腹が立つのです。

私も、以前は周囲の人と自分を比べては、人に負けないように勉強したり、資格を取ったり、セミナーを受けたりと、しゃかりきになっていた時代もありました。人と比べて足りない自分を焚きつけては、疲弊していました。

でも、夫の死から自分で選んだ生き方に対して覚悟を持つこと、その潔さを知った私は、徐々に、人と比べるということをしなくなっていきました。

すると、まわりからも比べる人が消えました。

比べる生き方をやめたら、まわりに集まってくる人たちの性質も変わったのです。

その後も修行を通して自分の心を見つめなおし、また自分の人生をしっかり生き抜いてこられた人が心おだやかに亡くなっていく様子を見ていくうち、自分の軸を持つことの大切さを強く感じるようになりました。

「人からどう思われるか」で自分の人生を選んでいいの？

終末期医療にかかわっていても、私たち日本人は、他者の軸にしばられすぎなのではないかな、と思うことがあります。

そのことを実感するのが「アドバンス・ケア・プランニング」のときです。

アドバンス・ケア・プランニングとは、患者さんとご家族が、医師や看護師、介護提供者などと一緒に今後のことについて話しあう「人生会議」です。

いまの病気の治療方針はもちろん、今後、患者さんの意思決定能力が低下する場合に備えて、あらかじめ終末期を含めた医療や介護について話しあったり、本人に代わって意思決定をする人を決めておいたりするプロセスのこと。

最期まで延命治療をするのか、しないのか。ホスピスに入るのか、入らないのかなど、これからの自分の命をどうしたいのかというご希望を聞くのです。

私も、看取りの専門家として会議に立ち会います。

その際、日本人以外は「自分がどうしたいと思うか」を考えて素直に口に出す人が多いように思います。

たとえば、私は台湾に頻繁に出向いて、医療現場に立ち会っていますが、彼らは「死までの限られた時間に自分がしたいこと」をしっかり周囲に伝えるのです。

でも、日本人の多くはそうではありません。

自分よりも周囲の人のことを気にしてしまう人が、実に多い。

本音としては延命治療をして長く生きていたいけれど、自分が生きていると治療代もかかるし、まわりの人にも迷惑をかけてしまう。だから早仕舞いする。そんなふうに建前と本音が乖離して、本音より建前を優先するのです。


こんなことがありました。

ある年配男性の人生会議をしたときです。

医師は「まだやれる治療もあるし、頑張りましょうか」と言い、子どもさんたちも「お父さん、もう少し頑張ってみようよ」と言いました。それでも男性は、「もう何もしないで、痛みだけとってくれればいい」と言うのです。

でも会議が終わり、医師やご家族が出ていって私とふたりだけになったとき、男性はポツンと呟きました。


「本当は、まだ生きていたいよ」

うなずきながら耳を傾けていると、その方は続けて、「わしが生きているだけで、お金も迷惑もかける。だから言わん」とおっしゃいます。

本音としては、少しでも長く生きていたい。

でも、まわりに迷惑をかけないように早く「おしまい」にしなければ、という建前のほうが前面に出たのです。


そして、なぜ私だけに言ったかといえば、それを聞いても動かない立場の人間だから。

もしも私が看護師として、その本音を聞いていたら大変です。

「先生！　ご本人は生きていたいと言っています」と言ってすぐに動いてしまいます。家族もそれを聞いたら「お父さん、本当はそんなふうに思っていたの？　言ってくれればよかったのに。先生！」とやはり動くことになります。

でも、私は患者さんの言葉を聞くだけですから、本音が言えるのです。

動いてもらっては困るけれど、心の奥の本音は誰かに聞いておいてほしい。

そんな複雑な心境だったのはないでしょうか。

結局、男性のお話をよく聞いて話しあったうえで、その本音は私の胸の中にしまっておくことにしました。

こういう人はとても多いのです。

終末期医療では、場合によっては「何もしない」ことも選択肢となります。手術が身体にとって大きな負担になる可能性もあるため、そのまま何もせずに最期を迎えることが最善の策というケースもあるからです。

そして、それを選ぶのは患者さん本人です。

ですが、患者さんの中には、これまで診てくれた主治医をがっかりさせないために手術を選ぶという人もいます。「先生に、失礼で不義理な人だと思われたくない」と言った方もいました。

もちろん、医師はそんなふうには思いません。自分の人生がどうなるかというときに、医療者に対する遠慮などいらないのです。

それなのに、自分の人生を「人からどう思われるか」で選んでしまう。

比べる生き方をやめるとラクになる

また、人生会議で患者さんが「もう何もしなくていい。このまま死んでいきたい」と言ったとき、「わかった。お父さんがそう言うなら、そうしよう」とすぐに納得できるご家族は多くありません。

もちろん長く生きていてほしいという思いが根底にあるのだと思いますが、それだけではなく、「家族としては、もっと手を尽くすべきではないか」と、自分たちの役割を気にする方が少なくないのです。

「隣の家は最期まで自宅で手厚くおばあちゃんを見たのに、うちはできない。家族としてどうなのか」と悩んでいる家族もいました。

介護の際にも「施設に入れるのは外聞が悪い」という方もいまだにいます。夫に「あそこの家は奥さんが頑張っている。お前ももう少し頑張れないか」と言われたという女性もいました。

患者さん本人はどうしてほしいのか。そして、ご家族はどうしたいのか。本来は、それがいちばん大事なことのはずなのに、ここでもまた、「人からどう思われるか」が立ちふさがるのです。

自分自身の思いよりも立場や役割を気にしてしまう。実に義理がたいともいえますが、見栄にしばられているともいえるのではないでしょうか。

比べていた頃は比べられていた自分、最期のときも「人からどう思われるか」にしばられる患者さんとご家族……これらの経験からも、**比べる生き方をやめることがおだやかに毎日を生きるコツ**ではないかと思うのです。

「比べる」の正体は「慢」

前項で「比べる生き方をやめる」と書きましたが、それができれば苦労はしません。では、なぜ「比べる」をやめることは難しいのでしょう。

ヒントは仏教にあります。

仏教では本来、「比べる」ことをどうとらえているでしょうか。

お釈迦様の教えには「山川草木悉皆成仏《さんせんそうもくしっかいじょうぶつ》」というものがあります。

山や川、草や木、この世に存在するすべてのものは平等であり、「仏性」が宿っているということ。

そして仏性とは何かといえば、教えを守り、修行を続ければ、誰でもお釈迦《しゃか》さまのように悟りを得る可能性があるということです。

でも、何も人間だけが特別な存在というわけではありません。人間も犬も蝶も花も、すべて平等。ですから、そこには「比べる」という視点はそもそもありません。「私のほうがきれい」だとか「人間のほうが偉い」なんてこともない。

どちらのほうが優れていることもなければ、どちらが劣っていることもない。これが仏教の基本的な考え方です。

そんな仏教では、他と比べることを「慢《まん》」といい、人間が持つ煩悩のひとつとしています。

煩悩とは、その人を苦しめ、心身を悩ませる心の作用です。

人間は他人と自分を比べ、自分のほうが「勝った」と思えば優越感を感じ、思い上がります。

自分のほうが「負けた」と感じれば劣等感を感じ、嫉妬の炎を燃やします。そのどちらの心も「慢」。

自分よりも劣っていると思う人を見下す気持ちも、また「慢」です。

ちなみに、お釈迦さまの教えにはこれを含む「七慢」というものがあります。

たとえば、友達が高級ブランドのカバンを持っていたとします。

それに興味がなければ、何も言わないか、「素敵なカバンだね」と言えばいい話です。

でも自分の軸がしっかりしていない場合は、「高級ブランド品」であるとか「高価なカバン」といった情報に惑わされてしまい、それを持つ友達になぜか負けたような気持ちになってしまう。

本来は、相手がどんなものを持っていようがいまいが、自分自身の価値は変わらないはずなのに。

いまの世の中を見ていると、そのような傾向があるように思います。

地位や学歴、職種、財産、容姿、着る服、友人、属しているコミュニティ、住んでいる家、持っている車など、わかりやすいもので自分という存在を形づくり、人より優位に立とうとする。まるで、自分という人間を証明するための〝よろい〟をつけているかのようです。

そういえば、最近では「マウンティング」という言葉がメディアをにぎわせていますよね。マウンティングとは、サルやゴリラなどの類人猿が自分の優位性を表すため相手の上にまたがる行為のこと。相手の上にまたがりたいと思うのは、おサルさんだけではないのですね。

人間にも「自分のほうが上だ」と思いたいがゆえに、自分の仕事や生活環境、容姿などで格付けしあい、ことさらアピールする人がいるようです。

もしも自分の内側にしっかりとした軸があるなら、どんな集団にいたとしても、マウンティングなどしなくてもいいはずです。

ところが、自分自身の軸が揺らいでいるために、「人からどう思われるか」

が最重要事項になる。自分はあの人より優れている、この人より幸せだという

ことをほかの人にも認めてもらわなければ、自分の気が済まないのです。

どんなものを手にしても、もっといいものがあると考え、まだ手にしていな

いものに対しては、それを得たいと考える。

比べることを戦略としてきた人間には、こうした性質があるようです。

仏教では、このような行ないを「知足《ちそく》」という言葉で戒めています。

ないものねだりをするのではなく、いま、自分が手にしているものに満足し

てそのことを感謝しようという戒めです。

なんでもかんでも人と比べて「勝った」「負けた」と競いあう自分の心を見

つめなおし、自分自身の「足る」を知りましょう、ということ。

これが、比べる次元を抜け出すということです。

日々をおだやかに生きる仏教の智慧

【七慢】

慢（まん）……自分と他を比べ、思い上がったり、うぬぼれたりする。

過慢（かまん）……自分と同等の者に対して「自分のほうが優れている」と思い上がり、自分より優れている者には「同等だ」と侮る。

慢過慢（まんかまん）……自分より優れている者に対して「自分のほうが優れている」とうぬぼれる。

我慢（がまん）……仏教では、自我に執着し、自分本位な状態を指す。

増上慢（ぞうじょうまん）……まだ悟りを得ていないのに「自分は悟った」と思い込み、おごり高ぶる。

卑慢（ひまん）……相手は自分よりはるかに優れているのに、「自分は少ししか劣っていない」と思う。

邪慢（じゃまん）……間違った行ないをしたのに正しいことをしたと言い張り、徳がないのに「自分は偉い」と誇る。

比べることによって「理」を悟る

そういえば、こんなお話も仏典に残されています。

昔、幼い我が子を亡くしたキサーゴータミーという若い女性がいました。我が子を亡くした悲しみに耐えられないキサーゴータミーは、その子の亡骸《なきがら》を抱いてお釈迦さまのところへ行き、「この子を生き返らせてください」と頼みます。

それを聞いたお釈迦さまは、彼女にこう言ったのです。

「これまでに一度も死人を出したことがない家から、けしの種をもらってくることができたら、その子が生き返る薬をつくってあげよう」

そこで、キサーゴータミーはたくさんの家を訪ねてまわります。でも、彼女はけしの種をなかなか手に入れることができませんでした。けしの種はあっても、一度も死人を出したことがない家が見つからなかったからです。

「うちでは先月ばあさんが亡くなったよ」「先週、夫が死んだの」「うちの子は3年前に亡くなった」……どの家にも亡くなった人がいました。

どの家にも死が訪れている。誰も死からは逃れることはできない。

それを悟ったキサーゴータミーはお釈迦さまのところに戻り、出家して、お釈迦さまの弟子になった、というお話です。

このお話では、お釈迦さまはキサーゴータミーに世の中をリサーチさせていますよね。いわば、自分とほかの人たちを比べさせているわけです。

それによって、お釈迦さまは彼女に何を教えようとしたのか。

それは「理《ことわり》」、**絶対的な真実や、普遍的なルール**です。

誰にでも生老病死は訪れるもの。

生きるものは誰もがその苦しみを背負っているのであって、自分だけが特別な不幸に見舞われたわけではない。

こうした「無常」の絶対的な真理を、お釈迦さまはキサーゴータミーに言って聞かせるのではなく、まわりと比べさせ、自ら気づくようにしたのです。

比べるという行為によって、キサーゴータミーの目が開かれ、理が腑《ふ》に落ちた瞬間です。

こうして考えてみると、たとえば胎児の成長具合や新生児の体重は比べることによって理がわかりますが、テストの点数を他人と比べることは理とはいえませんよね。

まわりの人のレベルが変われば、平均点も変わってくるからです。

「高級ブランドのカバンを持っていて、すごい」というのも、相対的に人より高級品を持っているという事実に過ぎないため、理とはいえません。

「比べて落ち込む」無限ループから逃れる方法

こうして考えてみると、そもそも「比べる」ことにとらわれるのは実に意味のないことだというのがよくわかるのではないでしょうか。

たとえば、中学の成績を競っていた友達に勝ったと思ったら、次は高校の入学試験で比べあうことになります。

そこでようやく有名大学に合格したと思ったら、次は仕事で比べあいます。

その次は年収、地位、そして結婚相手、財産、子どもの有無、家の大きさ……

もうエンドレス。死ぬまで終わりません。

この無限ループから抜け出す唯一の方法は、**「自分はこれでよし」と、自分で決めるということです。**

比べるループを止められるのは自分だけ。

職場でも恋人でもレストランのメニューでも、**なんでも自分で決める覚悟を持つということです。**

決めるまでは熟考するべきですが、こうと決めたら、覚悟を持つ。

選んだ後に間違ったと思っても、人のせいにはしない。

よく自分で選んで入った会社がブラック企業で、「会社が悪い」「うちはブラックだから」と言いながらズルズルと会社にい続けている人がいます。でも、会社が悪いと思うなら、自分で決断してやめたらいいのです。

人生相談をしていると、浮気性の彼氏や働かない彼氏などのいわゆる「だめんず」好きな女性から相談されることがあります。

彼女たちがよく言うのが、「いつか彼も変わってくれるかもしれない」という言葉です。だから離れられない。それがなければいい人だから……と。

でも、彼氏が変わってくれるのを待っていても、たぶん一生変わらないでしょうね。なぜ軸が彼氏のほうにあるのでしょう。自分にない分、相手に軸を委ねてしまっているのです。

自分で自分を照らす「自灯明」の生き方

お釈迦さまは、法灯明《ほうとうみょう》と自灯明《じとうみょう》という話でこのことに触れています。

お釈迦さまが亡くなる前、弟子たちはなげき悲しみ、「あなたがいなくなったら、私たちは何を頼りに生きていけばいいのでしょうか」と聞きました。

すると、お釈迦さまはこう答えたのです。

「私の教え（法灯明）で自分の中に明かりを灯し、その明かり（自灯明）を頼りにして生きていきなさい」。

つまり、お釈迦さまの教えは、あくまで自分自身の明かりを灯すための材料でしかないということです。

他人の明かり（軸）ではなく、自分の明かり（軸）で生きなさい。

これがお釈迦さまの教えです。

終末期医療の現場でも、最終的には何かを選び、決断しなければいけません。人工呼吸器をつけるか、つけないか。延命治療をするか、しないか。もちろん比較して、じっくり検討する必要がありますが、そのときに自分自身の覚悟があるかないかで、その後の心情はずいぶん変わってきます。

一般的には、「有名な先生だから」とか「誰かがこう言っていたから」、「本にこう書いてあったから」など、自分に軸のない決め方をする人は少なくありません。

そのとき、選ぶ軸は自分ではなくて、他人や外側にあります。

でも、自分に軸のない決め方をした場合は、うまくいかなかったときにほかの人のせいにしてしまいがちです。

お金でなんとかなるものでしたら取り返しがつきますが、体のことは取り返しがつきません。

いくら人のせいにしても、結局、誰も責任を取ってはくれないのです。

人のせいにしている以上、誰かを恨み、苦しむ時間が続くだけです。

先ほどの話で考えれば、医師の説明やメディアなどで得た情報は、法灯明に当たるでしょう。それを鵜呑《うの》みにするのではなく、よく検討して、どうするか考え、自分で決める。それが自灯明を灯すということ。

人の意見を聞くことも大切ですが、どんなときにも、最終的な決定は自分の軸で決めることです。

そこさえ腑に落ちていれば、どんな選択をしても、自分も周囲も不幸になることはないでしょう。

自分を守るよろいを、あえて脱いでみる

ところで、仏教では観音菩薩《かんのんぼさつ》さんとか釈迦如来《しゃかにょらい》さんなど、たくさんの仏さまが出てきますが、それぞれどういう仏さまか、ご存じですか。

たとえば、菩薩というのは悟りを目指す修行の途中にいる人という意味です。私たち衆生（生命のあるすべてのもの）と一緒に勉強をしましょうという仏さまです。

この菩薩さんは、まあ、実にたくさんの装飾品をつけています。

首にはネックレス、耳にはイヤリング、手首にはブレスレット、腕にはアームレット、足首にはアンクレットなど華やかです。なぜ装飾品をつけているのかというと、一説によると、菩薩さんは現世の欲や虚栄心を捨てきれないためだといわれています。華美な装飾品でその身を守ろうとしているのですね。

一方、如来とは仏の悟りを開いて真理に達した仏さまのこと。

この如来さんが身につけているのは「衲衣《のうえ》」と呼ばれる一枚の布だけ。装身具は一切、身につけていません。悟りを得た如来には、華美な装飾品は必要ないということです。

このように、仏教では身につけるものにも意味があります。

SNSにアップする、もしくは人と比べて取りそろえるあなたのライフスタイルや華美な持ち物は、自分を守るためのよろいになってはいないでしょうか。

まわりの人より高級な靴やバッグ、まわりの人からほめられたくて取った資格、そういったものを身につけて、他人から認められたいと思っていても、たいていは自分が思った通りになどならないもの。

自分が思っていたほど「いいね」と言ってもらえず、がっかりすることもあるかもしれません。

「親にほめてほしくて難関大を突破した」としても、今度は親御さんから、「ストレートで医者にならなければダメだ」と発破をかけられるかもしれません。

ママ友を家に招くからとカーテンを買い替え、高級なティーセットを披露したのを、「あの人、お金持ちなのを自慢している」と言われたら悲しいですよね。

このように、他人からの評価を求めて自分のよろいをそろえていては、次第に心も苦しくなっていくことでしょう。

自分の軸が強くなれば、よろいは必要ない

自分の軸をしっかり持つようになると、ほかの人が何をしているか、何を言っているかはさほど気にならなくなってきます。

親に言われたからではなく、自分が難病の子どもを救いたいからなら、受験勉強も苦になりませんし、ストレートで医者になることを目指すでしょう。まずはお医者さんにならなければ難病の子どもは救えないわけですから。

好きで集めたティーセットでお茶を振る舞い、陰口を叩かれたところで、「あの人、洋食器は興味がないのかな」と平然としていられるでしょう。

自分の軸で生きれば、みんな、それぞれに違う考え方があり、違う感じ方があることに気づけます。比べるのも、比べられるのも、批判するのも、批判されるのもおかしいということに気がつくからです。

自分の軸が本物になればなるほど、自然と、人のことも認められるようになっていきます。

自分の中の軸は「あるけれど、ない」という感じで、自分自身を声高に主張する必要がなくなり、ほかの人のこともしなやかに、おだやかに認められるようになってくるのです。

つまり、**自分の軸を持つことがゴールなのではなく、その先にある「人と比べない次元」に行くことこそがゴールです。**

もちろんこれは簡単なことではなく、今回の人生でたどり着けるかどうかというほど長い道のりになりますが、まずは毎日の心持ちや行ないから、少しずつ整えていきましょう。

第2章

比べる自分から逃れる「気づく」習慣

「自分の本当の心」に気づくことで問題の8割は解決する

実は、「自分の本心」に気づいた時点で、すでに問題の8割くらいは解決していると私は考えています。

残りは、あと2割程度に過ぎません。

「どうしたらいいのか」という反省の部分は、放っておいても自然に出てきますから、それほど慌てなくても大丈夫です。

まずは、自分の本心に気づくかどうか。

それがいちばん大きなステップです。

「気づく」ことは、いわば自分のステージを上げる階段の一段目ですが、この一段が、もっとも大きなステップとなるのです。

でも、いまの世の中は、なんでもハウツー（方法）が主流になっていますよね。

「子どもが言うことをきかないときには、こう言いましょう」

「イライラしたときには、こうしましょう」

そんなふうに具体的に教えてくれる人がいれば、つい飛びつきたくなってしまうかもしれません。

でも、根本が解決しないまま、無理やりおさえようとしても、かえってつらいことになります。

よく、「イライラして子どもを叱っても効果はありません。子どもにはまず優しい言葉をかけてあげましょう」などと言われますが、ものすごくイライラしているときに優しい言葉なんて、とてもかけられませんよね。

私も覚えがあるのですが、子どもが小さい頃、仕事から帰ったら、5分でも早く夕飯を並べてあげないといけないと思っていました。

ですから、買い物をするスーパーのレジではいつもイライラしていましたし、帰宅後は、食卓の上におもちゃを広げている子どもたちに怒りまくっていました。なぜなら、「5分でも早く、あなたたちにごはんをあげたいから」という大義名分があったからです。

でも考えてみたら、子どもたちは5分で死ぬほど瀕死の状態でいるわけではありませんでした。もちろん20分、30分経っても死にません。

私は間違った大義名分のもとに、イライラオーラを出しながら、まるで猪《いのしし》のような勢いでごはんの支度をしていたわけです。

これでは、子どもたちはうっかりお母さんに近づけませんよね。

そんな大義名分はどこから来ていたかというと、「いい母親でなければいけない」「自分はいい母親であるべきだ」という思い込みです。

当時の私は、仕事を終えて家に着くのが19時すぎや19時半でしたから、食事を用意して食べるときには20時すぎになっています。

でも、きっとほかの家では、19時頃にはごはんを食べ、20時にはお風呂に入って、21時には布団に入っているはず。そんな「いい家庭のイメージ」が気になり、うちはそこからはずれていると考えては、ひとりであせっていたのです。

ほかの人と比べて、世間の常識と比べて、それにあわせられない自分が許せない。

すると、その思い込みはイライラに変わってきます。

そして、そのイライラが向かうのは誰かといえば、弱い人です。

本来は守られるべき弱者が、怒りを向けられます。

子どものためにやっているはずなのに、イライラして子どもに怒りをぶつけるなんて、本末転倒ですよね。

それは、「子どものためにやっている」という間違った大義名分があることに、自分自身で気がついていないからです。

こうした親の思い込みが、虐待につながってしまうこともあるでしょう。

その反対に、私があせらずにごはんをつくっている日には子どもたちも寄ってきて、よく話をしてくれました。それでごはんを出すのが30分遅れても、誰も困りませんでした。むしろ、お互いにゆったりと楽しい気分で過ごせたのです。

それに気づいたとしても、起こっている事象は特に変わりません。

翌日から夕食の時間が早まるわけでもなければ、子どもたちが食卓をきれいにしておりこうさんで待ってくれるわけでもない。

ただ、同じことが続くにしても、それをどうとらえるかによってその後の時間の「質」が変わっていくのです。

何よりも自分の心がおだやかになって、楽になっていきます。

そして、自分の間違った大義名分に気づけば、いちばん嫌な思いをしていたのは自分ではなくて子どもだったことに思い至るのです。

ただ、自分の誤りに気づいたとき、「ほかの人にはできるのか。でも、私にはできない。なんてダメな親だ」とイメージの中の「いい親」と比べては自分を責めてしまうと、結局イライラが増すという悪循環に陥ります。

そうではなく、「わが子の前でイライラしてしまうのは、どうしてだろう」「なぜ私はいつもあせっているのかな?」と自分の本質を探ってみることのほうがずっと大事です。

まず見なおすのは、言い方ではなく、心のあり方。

イライラしたら、自分の心を見なおすことです。

「気づくこと」が変わることへの第一歩

看護師には、患者さんに喜んでもらいたいと思って日々の業務をしている人がたくさんいます。

でも、以前、こんな看護師さんもいました。

その人は、患者さんの足を洗ってあげるとか、顔を拭いてあげるといった献身的な看護を自分から積極的にしていました。

ただ、医師からは熱心に仕事をしてえらいと評価されているのに、患者さんからは喜ばれていなかったのです。

本人はその理由がわからないようでしたが、まわりにいる私たちから見れば、残念ながら、それは独りよがりな看護でした。

その人が理想とする看護を完璧にやることに視線が向いていて、患者さんのほうを向いていなかったのです。

本人は「患者さんのため」と言っていたけれど、実際には「自分のため」。「患者さんの足を拭いている自分は偉い」と思いたいからこそその行為だったのではないかと思うのです。

この看護師の例が示すように、いくら頑張っても感謝されないときは、相手にイライラするのではなく、自分の気持ちを振り返ってみることが重要です。

そこで、「あれ、ちょっと待って。自分のためにやっていなかったかな?」と気づくことができれば、次からは行動が変わっていくでしょう。

たとえば、患者さんに「いま、何をしてほしい？」と聞くことにつながるかもしれませんね。そのときに患者さんが「いまは放っておいてほしい」と言ったら、できる限り受け入れるのがベストな看護なのではないでしょうか。

ただ、誤解してはいけないのは、**どんなときでも自分を犠牲にして相手に尽くさなければいけないということではありません。**

たとえば、患者さんや高齢者を支えるご家族は、休みのない介護に疲れ果ててしまうこともあります。

それでも、家族のことを思えば、自分がゆっくり休んでいる場合ではないと自分の体調面を棚上げにして頑張っていらっしゃる方も多いのです。

でも、家族を最後まで介護するために自分を満たすことは、心をおだやかに保つためには必要不可欠です。

きちんと食事をとり、十分な睡眠時間をとって、ときには心身をリラックスさせるために外出し、たまには旅行にも出かける。

そのために、ほかの人やヘルパーさんなどにお願いしたって、罪悪感を感じる必要はありません。

体調がいいからこそ、介護という大仕事に向きあえるのです。

心が満たされているからこそ、余裕を持って家族に優しくできるのです。

自分が苦しい状態では、ほかの人のことを思うこともできません。これは、家族のために仕事や子育てをする場合なども同じですよね。

「相手のため」になることに気づいたら、それを行なうために自分を犠牲にするのではなく、同時に、自分の体や心を整えることを考えましょう。

痛み・苦しみからも「気づく」ことで逃れられる

比べることはもちろん、私たちを生きづらくするいろいろな痛み・苦しみも、気づくことが、その呪縛から離れる第一歩です。

そのためには、自分の心をじっくり深掘りしてみることです。

というのも、昔の人たちが「三つ子の魂百まで」と言ったように、私たちは言葉もうまく話せない幼児の頃から感じてきたさまざまな感情を意識下に溜め込んで生きています。

そして、その積み重ねが、現在の私たちの思考の癖や思い込み、もののとらえ方などにも大きな影響を与えているのです。

たとえば以前、ある男性のお悩みをうかがったときのこと。

その方は、自分と少しでも価値観の違う人の話を聞くと、ひどく腹が立ち、相手の話を聞けなくなってしまうというのです。

新型コロナウイルスが流行し、マスクをせず外出する人や、店を閉めていないお店やライブハウスへ苦情が寄せられたり、道を歩いているだけで「マスクをつけろ」と怒られたりする、いわゆる〝自粛警察〟現象がニュースになりました。その男性と自粛警察になる人々は非常によく似ていて、**「自分がさせられていることを他人がしていない」**のが許せないのですね。

相談者の男性も、「自分に直接関係のないことでも、どうしてだか頭に血がのぼってしまう」と言っていました。

このように周囲の言動に過剰に反応してしまうとしたら、小さな頃からの無意識の集積が影響しているのかもしれません。

自分の心を深掘りしていく際にヒントになるのが、「生育歴」です。

生育歴とは、子ども時代からいままでを振り返り、自分が親からどう育てられてきたか、どんな境遇で育ってきたか、どんな言葉をかけられてきたかなどを振り返ること。

もちろん、きれいごとだけでなく、自分のウィークポイントやマイナス面にも向きあう必要があります。

この方がじっくり自分の「生育歴」を振り返ってみたところ、つねに父親から自分の価値観を否定されて育ってきたことがわかりました。

一つひとつは何気ない言葉だったり、ささいな表現だったりするのですが、その父親は何かにつけて自分の価値観を押しつけようとしていたようです。

そういう経験があったから、いまの自分があるのだということに気がつくと、何かでイライラしたときも、これは自分の過剰反応ではないかということに気づきます。

「どこで自分が痛みを感じてきたか」を把握しておけば、自分の思考の癖に気づき、それにとらわれることがなくなるのです。

自分の痛みや苦しみに気づくことで、人の痛みや苦しみにも気づける

僧侶としての私の仕事のひとつに、スピリチュアルケアがあります。

あまり聴き慣れない言葉ですので少し説明すると、死にゆく方の心の深いところ、「人の存在」そのものに関わる潜在的な問題に向きあうことです。

死が近づいた患者さんは人生を振り返り、「私はなんのために生まれてきた

のか？」と漠然とした疑問や迷いを口にされたり、「死んだらどうなるのか」と、死後についての言葉を口にしはじめたりすることが少なくありません。

これは、スピリチュアル（魂）がダメージを受けているスピリチュアルペインを抱えている状態です。まもなく訪れる死を、必死で受け入れようとしている状態ともいえます。

しかし、死を間近に控えた患者さんは死後のことが気になって仕方がないのですが、看護をしている側は、患者さんのそういった言動に混乱するケースも多いようです。なんと答えていいかわからず、うろたえてしまったとか、ごまかしてしまったというご家族もいます。

そこで私たちのような専門家がじっくりとお話を聴くことで、ゆっくりと患者さんのスピリチュアルペインを解きほぐす、それがスピリチュアルケアです。

スピリチュアルケアの教育を受ける際に、患者さんのスピリチュアルケアを行なう側も生育歴を徹底的に振り返ります。

人の最期に立ち会って患者さんの深い内面に関わり、「人生の意味」といった根源的な問いに向きあうスピリチュアルケアでは、緩和ケアの実践方法の他にも哲学や宗教学、心理療法など幅広く学ぶ必要があるのですが、その一環として、自分の「生育歴」もことあるごとに振り返るのです。

なぜなら、「ウィークポイントがない」という人は、人のケアはできないからです。

生まれてきてからこれまでひとつも傷を抱えていない人はいないと思いますが、**自分がこれまでに受けてきた痛みや苦しみを認識できていない人に、人の痛みや苦しみがわかるわけがありません。**


これまで自分でも見過ごしてきた、自分自身の痛みや苦しみ。

それを把握することで、自分の思考の癖や思い込みの傾向をとらえることもできるのです。それを繰り返すうちに、自分はどんなことでつい比べてしまうのか、そのとき自分はどう感じるのか、相手はどう反応するのかなどがわかってくるでしょう。

もちろん、同じ体験をしたとしても、人によって受けとり方は違います。自分にとってはナイフで切られたように傷つく言葉でも、同じ親のもとで育ったきょうだいにとっては記憶にも残っていないということもあります。

起こっている事象はひとつでも、とらえ方は100人いたら100通り。

だからこそ、自分自身はどういう傷を感じてきたのかと振り返り、気づくこと。他人の傷や思考を感じてみることが役立つのです。

自分の心をのぞき込む「内観」のススメ

生育歴を振り返るには、時間も過去の自分と向きあう精神力も必要です。それほど大がかりではなく、折に触れて自分の根本を見つめなおす作業を「内《ない》観《かん》」といいます。

「内観」などというと、特殊な人がするものと思われるかもしれませんが、実際には、それほど特別なことをするわけではありません。

自分の言葉や行動の根っこにあったのはどんな感情だったのか、と振り返るのが「内観」です。

1日に1回。3分でも、5分でもかまいません。

「今日は、どんなことがあったかなぁ」とひとつでもふたつでも思い出して、それは、どんな感情から出た言葉だったのかを考えてみるのです。

あれは相手のことを思って言った言葉だったのか、それとも自分のことだけを思って言った言葉だったのか、と思いを巡らせてみましょう。

場所は、寝る前のリビングやお風呂の中、または通勤や通学の電車内、あるいはトイレの中など、どこでもかまいません。

とにかくひとりになって、ゆっくり考えられる時間を5分確保します。

照明は暗くても明るくてもいいですが、ほかの人に話しかけられない環境を選びましょう。

「内観」の時間は意識的にとること。

偶然、お風呂でぼんやり考えたらわかった、というのではなく、これは自分の内側を見る時間と意識して行なうことが大事です。

また、寝ながらではなく、なるべく座って行なうことをお勧めします。暗い場所で横になっていると、脳はネガティブな思考に陥りやすくなるからです。

内観では「反省」しない

そしてもっとも大事な点は、反省しないこと。

反省というのは、「今日のあの行動はよくなかった。今度はこうなおそう」と考えることですが、「内観」というのは、そんな表層的なものではありません。

自分の行動の根本のところにあった、本当のものはなんだったのか。あの言葉の裏側にあった、自分の本当の気持ちはなんだったのか。ただそれを見る、という行為です。

自分の中に「人よりうまくやってやろう」という気持ちがあったなぁ、相手のためだけを思っていなかったなぁ、というところに気づけばいいのです。

そこでまた、頭の中でいろいろ考えてしまうと、「だけどやっぱり、あの人がこう言ったから」とか「やっぱり母親としてやらなければいけないことだったのだ」なんて、ぐるぐると思考を続けてしまいます。


私たちの脳は、つらいことより楽しいことが大好きです。

脳科学の専門家によると、脳というのは否定されればされるほど、神経細胞の反応がにぶくなり、活性化しにくくなるといいます。おだてれば木に登り、けなせば、やる気をなくしてしまうのです。

「私ってどうしてこんなにダメなんだろう。なおさなきゃ」と自分を否定しても苦しくなるだけ。

ですから、考えない。反省しない。

それよりも自分の頭の中を俯瞰的《ふかんてき》に見る感じです。

あのときの私はどんな気持ちを持っていただろうかと、上から観察してみるのです。

よかったとか悪かったとかのジャッジをせず、そういう気持ちがあったなぁということに気づくだけでいい。

そして、気づいたら、「そっか、そうだったのか」で終わり。そこでまた追いかけていくと、つい反省してしまいますから、そこで終わりにしましょう。

日々をおだやかに生きる仏教の智慧

内観（ないかん）……心の働きを観察することによって、自己そのものを見つめる修行法をいい、「観」「観法」「正観」などともいう。

自分でも気づきにくい「あなたのため」のワナ

「内観」するのは、なんだか簡単な話のように思えるかもしれませんが、慣れないうちは、**自分の本心に気づくのは難しいことです。**

というのも、「大義名分」と「自分の本心」の区別がつきにくいこともあるからです。

たとえば、「あなたのために言っている」とか「あなたのためにやっている」という言葉を使うとき。**それは本当に、相手のためだったのでしょうか。**

親御さんは、よく子どもさんに言いますよね。
「勉強しなさい。あなたのために言っているのよ」
もちろん、わが子の将来を考えての言葉でしょう。

でも、本当にそれだけでしょうか。

実際には、子どもがいい学校に入ることで、周囲の人から羨望《せんぼう》の目で見られたいとか、家の体面を保ちたいといった本心もあるかもしれません。

ただ、もしそんな「自分の本心」があったとしても、「あなたのために言っている」という「大義名分」や正義の看板を高らかにかかげているために、自分の本心には気づきにくくなっています。

無意識に自分の「自分の本心」にカバーをかけ、「あなたのためを思っている」と、いかにも「大義名分」のふりをして相手に押しつけているのです。

だからこそ、自分の心の表面だけではなく、深い意識まで深掘りすることが大事なのです。

自分はなぜ子どもに勉強してほしいと思うのだろう。なぜ、いい学校に入ってほしいと思うのだろう、と。

また、怒りを感じた出来事があったら、なぜ怒りが出てきたのかをじっくり考えてみましょう。

今日、部下に怒りをぶちまけてしまったのはなぜだろうか。

最初のうちは、自分の「大義名分」にだまされて、「やっぱり部下が悪かったからだ」としか思えないかもしれません。それでも、毎日続けてみると、少しずつ自分の内側を見ることができるようになってきます。

部下には「取引先に迷惑がかかる」「おまえのために叱っている」と怒った

けれど、もしかしたら本当のところは「部下が失敗すると、自分が部長に怒られる。自分の評価も下がる。それが嫌だったから」ではないだろうか。いや、別件でイライラしていた気持ちをぶつけてしまったのかもしれない。

そんなふうに、いろいろな感情が出てくるようになってきます。

内観は、ただ自分の心の内側をスキャンしてみる。その繰り返しです。

この練習を1日5分、繰り返していくうち、自分の真の感情に気づくのが上手になってきます。すると、その場で脊髄《せきずい》反射のようにすぐに怒っていたのが、怒る前にひと呼吸おいて、言葉や行動を選べるようになっていくのです。

欲には「小欲」と「大欲」がある

人と比べて優位に立とうとする気持ちは、煩悩のひとつと述べました。

どうしても自分と人とを比べてしまう。

「慢」の煩悩は誰でも持つものであって、それ自体は仕方のないことです。

仏教では、煩悩を持つこと自体をいましめているわけではありません。

大事なことは、その煩悩に「どう対処するか」。

それを教えてくれるのが、お釈迦さまの教えというわけです。

「慢」を止めることはできなくても、慢からうまく逃れることはできます。本書でお伝えしたいのは、その方法です。

仏教では、毎日の修行を通して「慢」からの逃れ方を学びますが、普通に生活しながらでも、比べてしまう自分を見つめなおす方法や自分の感情の処理の仕方を知ることで、しんどい自分から一歩抜け出すことはできるのです。

そのための最初のステップも、「気づくこと」。

自分の判断基準や自分の本心はどこにあるのかを知ることです。それに気がつくことが、「慢」をいましめることにつながります。

もともと、私は僧侶でも看護師でもありませんでした。大学を出たあと、法律事務所に勤めていたのです。

でも、出産後に長男が重度のアレルギーに苦しんでいる姿を見て、「息子専属の看護師になろう」と決意し、仕事を辞めて看護師の免許を取得しました。長男の症状が落ち着いてからは看護師として病院で働くようになりました。

そのため、病院の看護師になったときには、すでに30代。

看護学校にいるときから、現場に出たら、年下の人が私の上役になることを心配する人もいましたが、私は「大丈夫ですよ。そういうことは全然、気になりませんから」なんて、のんきに答えていたのです。

でも現場に出てみると、やはり……。

医療の現場は厳しいところです。

ちょっとでもモタモタしていると、「どいて、邪魔だから」とか、「できないならひっこんでいて」と言われることもありました。もう35歳になろうとしている私が、ハタチすぎの人に「こんなこともできないの」と言われたこともあります。

経験年数が違うのですから当然ですが、自分より10歳も年下の人が主任になっていることにあせりを感じることもありました。

病院に入るときには自分なりのペースで成長すればいいと考えていたのに、現場で周囲の人と関わるうちに、私の中にも人に勝ちたいという欲が出てきたのです。


でも、人よりも遅く始めた私が経験年数を上げるのは無理なこと。

そこで私が選んだのは、大学院に通うことでした。

大学院に行って、学歴でマウントをとろうと考えたのです。

まわりからは「博士号をとるなんてすごいね。勉強を続けてえらいね」とよく言われましたが、いまならわかります。

「えらい」というのとは、ちょっと違う。

頑張ったことには変わりませんが、その動機は**「まわりからすごいと思われたい」**という慢でした。

実際には学びを深めて人の役に立ちたかったわけではなく、学歴を上げることで自分の経験年数を埋め、すごいと言われたかったのです。

自分の心の奥底の欲に気づく

ところで、仏教には「小欲《しょうよく》」と「大欲《たいよく》」という言葉があります。

「小欲」とは我欲、つまり自分の欲求だけが満たされればいい、自分だけが幸せになればいいという欲です。

おいしいものを食べたい。楽しいことをしたい。自分をかっこうよく見せたい。

そういうふうに、自分の欲望だけをかなえたいと考えることが「小欲」。

一方の「大欲」とは、世間や他人の欲求を満たし、誰もが幸せになることを目的とすること。

社会のために大きな病院をつくりたい。皆が食糧に困らないようにしたい。

そのためにお金を稼ぎたいとか、勉強したいという欲が「大欲」です。

仏教では「小欲」は認めていませんが、「大欲」は認めています。

人間にとって欲はなくせませんし、極論をいえば、そもそも欲がなければ人間は死んでしまいます。

欲があるのが悪いわけではなくて、その使い方が問題だというわけです。

私が大学院に行った動機は「小欲」でした。

自分が大学院で学ぶことでまわりの人のためになると考えていましたが、実は、そこには自分と人を比べて優位に立ちたいという欲があったのです。

もちろん、こういう動機で学校に通ったり、勉強したりする人は、たくさんいることでしょう。

それ自体がいいとか悪いとかいうことではなく、**自分の心の奥底にある本心に気づくことが大切**なのです。

それに気づかなければ、単に「自分は頑張った」で終わり、「自分はいかに苦労して勉強してきたか」を自慢するだけの人になってしまいます。おのずと、頑張っていないと思う人を見下す気持ちも出てくることでしょう。

でも、自分の心底に「まわりからすごいと思われたい」という本心があったのだと気づくことができれば、自分を客観的に見つめなおすことができます。

私は、まわりの人に役に立つ人だと思われたいのだな。

それなら、いま、私は何をしたらいいのかな、と。

そこで、「自分がいかにすごいかではなく、学んできたことをかみくだいて現場に伝えることが大事なんだ」と気づけば、本当にまわりの人の役に立つ人になっていくのではないでしょうか。

日々をおだやかに生きる仏教の智慧

大欲（たいよく）……一切衆生を救うための欲求。自分だけでなく他人や社会のためになり、多くの人の幸せを願うような利他の心。

小欲（しょうよく）……自分だけが幸せになれればよいという自我の欲求。

苦（く）……仏教における「苦」とは、単に苦しいという意味ではなく、「自分の思った通りにならない」という意味も含まれる。

私の人生観を変えた夫の死

かくいう私も、夫の看取りに悩み、そのために大きく人生観が変わった経験をしています。

夫の大腸がんが再発したのは、夫が57歳のとき。そのがんがすでに全身に転移していることを知った夫は静かに、しかしはっきりと言いました。

「もう積極的な治療はしない」

そして、最期の日々を家族と自宅で過ごすことを選んだのです。

当時、僧侶になる前の私は看護師でした。

現役看護師の私からすれば、自宅では最良の治療ができるかわかりませんでしたから、その選択はすんなり受け入れられるものではありませんでした。

私たちは何度も話しあいましたが、夫の意思は固いままです。

結局、私は葛藤を抱えながらも夫の意思を尊重することにしました。

夫専属の看護師として、最期の日々をふたりの息子とともに支えることにしたのです。


夫が旅立っていったのは、それから1年後のことでした。

延命治療をしない夫の死は、まるで樹木が枯れてゆくようにおだやかで、美しいものでした。

病院で行なう治療では最後まで体に点滴をつないでいることが多くありますが、夫は家で亡くなることを決めた時点で「飲めなくなったら飲まない。食べられなくなったら食べない」と決めたので、点滴もしませんでした。

そのため、体内の水分が少しずつ減っていったのです。

亡くなる2週間前にはたんが一気に出たため必要最小限だけ吸引しましたが、2日もしないうちに、それも治まりました。たんの材料になる水分もなくなったのでしょう。

その後はおだやかに寝ている状態が続き、やがて尿も出なくなりました。

そろそろだろうか……と覚悟していると、血圧が下がり始めました。

そして全身の筋肉がゆるみ始めたためでしょうか、体内に残っていた尿と便がすべて排出されたあと、夫は静かに息を引き取ったのです。

それは私がはじめて見た、人間そのままの最期でした。

私が見てきた病院で亡くなる場合では、過剰な水分投与によってたいてい体はむくんでいましたが、夫の体にむくみは一切ありませんでした。

また、亡くなったあとは体の中からいろいろなものが出てきますので、看護師は体中の穴に詰め物をするのですが、夫は自分で自分の体をきれいにしてくれたため、その処置をすることもありませんでした。

人間というのは本来、こうして体内のものをすべて自分で出しきり、上手に後始末をして亡くなっていくのです。

私はこの夫の潔い死にざまに、大きな衝撃を受けました。

人は自分で死に方を決め、自分で始末をつけて死んでいけるのだと。

そして、人は自分の生死にも「選択肢」を持つべきだと思ったのです。

その後、私は病院に戻ることをやめ、仏教を学び、僧侶になりました。

僧侶として看護師として看取りの現場に立ちあううち、「役割」や「立場」にしばられて自分の希望を言えない患者さん、そしてご家族の姿を何度も見るようになりました。

自分の死に方を自分で決められない。

愛する人の送り方を家族で決められない。

亡くなる間際まで、自分と世間を比べて悔やむ。

これらの感情に苦しむ患者さんやご家族に、少しでもおだやかな気持ちになっていただきたい、と日々考えています。

あなたの苦痛は「仏の種」です

何をやっても、うまくいかず、自分だけが理不尽な目にあっている。
人生の中で、そんなふうに思い悩む経験は誰にでもあることでしょう。
でも、そんなつらい日々も、あなた自身の問題に気づく転機といえるのです。

なぜなら人間というのは、うまくいっているときはあまり深く考えません。
体調もよくて健康で、人間関係にも恵まれて毎日が充実感にあふれている、
なんていうときには、自分の内側には目が向きにくいものです。

でも、人間関係で行き詰まっているとか、最近どうしてもイライラしてしまうなど何かしら引っかかることがあれば、内側にも目が向いてきます。苦しいことや悲しいことがあるからこそ、「なぜ自分ばかりがこんな目にあうのか」と内側に向かうのです。

視点が内側に向かえば、必ず自分の本心がわかるようになります。

このことを、仏教では「仏種《ぶっしゅ》」と言います。

「仏種」とは、悟りの種という意味です。仏さまになるための種です。

私たちは、生まれながらに等しく仏の種を持っています。

自分の内側に目が向くことによって、いままで干からびていた仏種がふくれて芽を出し、大きく育っていきます。

すると、ひとつ上の悟りの次元に上がるのです。

お釈迦さまは、私たちが悟りの境地に向かうために、苦しいことやうまくいかないことが繰り返しやってくるのだと教えています。

どうにもうまくいかないことは、この生を生きる自分に大いなる何かが与えた課題。「なぜ自分ばかりがこんな目にあうのか」と思いたくなるようなことも、**魂のレベルを上げていくために課せられた課題**なのです。

ですから、仏教では、我が身に降りかかることには何かしらの意味があるという考え方をします。

また、日々の暮らしの中でザワザワと心に波風が立つようなことがあれば、それも何かのサインです。

たとえば、こんなこともあるかもしれません。

タレントや有名人が不倫をしたり離婚をしたりすると、やたらと攻撃的なコメントを書く人がいて、激しく「炎上」したりもしますよね。

でも、なぜ自分に関係のない人を責めたくなるのでしょうか。

自分自身が満たされていれば、誰が不倫しようが、離婚しようが、それほど特別な関心は持てませんよね。その当事者同士の問題と割り切れるはずです。

でも、毎日の生活に不満を感じている人も少なくありません。

自分自身の不満に目を向けずに無理をして過ごしている場合、他人の行動に過剰に反応してしまうことがあります。

なぜなら、本当にやりたいことを我慢している自分を、無意識下で正当化したいと願っているからです。自分が我慢していることをやっている人には、「ちゃんと」不幸になってもらわなければ困るというわけです。

そういう人は、夫婦は添い遂げるものであるとか、相手に誠実であるべきだといった正論を振りかざしていますから、自分の本心には気づいていないかもしれません。

もしも自分が他人のことで「許せない」と強く思うとしたら、それは、自分

の心からのSOSかもしれません。

なぜ自分が許せないと思うのかを、じっくり振り返ってみましょう。


もちろん、そこで自分自身の不満に気づいたとしても、すぐに夫や妻と別れたほうがいいとか、不倫をしてもいいと言いたいのではありません。

ただ「自分自身の問題」ととらえることで、その後は徐々に変わっていくはずです。

相手と話しあってみるとか、ほかの楽しみや趣味を見つけるとか、自分の生き方を考えるとか、何かしら解決を考える方向へ向かっていくでしょう。

もちろん、最終的に別れるという結論に至ることもあるかもしれませんが、まずは自分自身の問題に気づくことが大事なのです。


誰かを「許せない」という気持ちになったら、そこがあなた自身のウィークポイント、つまり天からの課題なのかもしれません。

自分の心を注意深く観察してみることです。

日々をおだやかに生きる仏教の智慧

仏種（ぶっしゅ）……仏種とは、仏になるための可能性（種）のこと。

仏教では、少しずつ修行を重ねれば、その可能性が開花して仏の境地を得ることができると教えている。人生で苦しいことやうまくいかないことが繰り返しやってくるのは、私たちが悟りの境地に向かうためだとしている。

第３章

比べる自分から逃れる「リセット」する習慣

「比べる心」を手放す

「内観」で自分の本心に気づいても、反省したり、深追いしたりしない。
最初のうちは、難しいかもしれません。
私たちの脳は暴走しがちで、思考を次々とつなげていくクセがあるからです。
でも、この思考の連鎖を続けても、こじれた執着になっていくだけです。
自分の本心に気づいたら、手放す。
「そこをなおさなくちゃいけない」とか「親の教育のせいかもしれない」など

と余計なことを考えず、「私の本心って、こういうことだったんだな」の気づきで終わりにすることが大切です。

イライラしているときも、「ああ、私、ずいぶんイライラしているな」と客観視するだけで、おしまいにすることです。

つまり、「気づき」の次にすることは、「手放す」「流す」こと。

本章では、そうした執着を流して、リセットする方法をお伝えします。

さまざまな方法がありますが、本書では8つの方法を紹介しましょう。

「葉っぱの瞑想」

執着を流して、心をリセットする方法・その1

最初にお勧めするのは「葉っぱの瞑想」です。

思考や感情を止められないことがあったら、まずは目を閉じて、自分の目の前に川が流れている景色をイメージしてみてください。

せせらぎでもなんでもいいのですが、とにかく水が流れているイメージです。

そこにときおり、葉っぱが流れてきます。

その葉っぱに、自分がぐちぐちと考えていることを乗せて流してください。

それだけです。

具体的な景色をイメージするので、割と簡単ですよね。

流れてくる葉っぱに「自分はなんてダメな人間なんだ」という気持ちを乗せて流してしまうのです。

流したら、それ以上は考えない。

流したのですから、それはもう、どこかに行ってしまったのです。

それでも、しばらくするとまた「やっぱり私は……」という思考が出てくるかもしれません。そうしたら、また次の葉っぱに乗せて流します。

定期的に流れてくる葉っぱに乗せて、負の感情を次々流していくという作業です。

自分自身に対する否定的な思考だけでなく、ほかの物事や人に対して、怒りや悲しみの感情がわいたときも同じです。

「あの人、腹立つわ」という感情も、葉っぱに乗せて流してしまう。

たとえば、病気のときにもこうした負の感情にとらわれがちですよね。病気の心配があって検査を受けたあとは、ああだったらどうしよう、こうだったらどうしようと、さまざまな心配が頭を駆け巡ることがあります。

でも、まだわかっていない検査結果について、１００回考えても、３００回考えても、どうしようもないのです。

すべて葉っぱに乗せて、流してください。


「気づく」↓「流す」↓「追いかけない」


この練習を意識的に繰り返すうち、負の感情から徐々に解き放たれるようになっていきます。

そして、自分という軸がしっかり見えてくるはずです。

抵抗も我慢もしない。ただ流すだけ

先日、お姑《しゅうとめ》さんのおせっかいに悩んでいるお母さんにお会いしました。

「子どもには、ちゃんと靴下をはかせなきゃだめよ」とか「きちんと字の勉強をさせないと」など、お姑さんはいろいろなことを言ってくるそうです。

お姑さんが孫のためになると思って言っているのはわかるものの、自分の考えと違う部分もあるため、どうしたらいいかわからなくなるといいます。

そんなときは、相手に抵抗するのでもなく、そうかといって、自分の感情を押し殺すのでもなく、やはり葉っぱに乗せて流してしまうのがいちばんです。

「靴下をはかせたほうがいい」と言われたら、「そうですか。じゃあ、お義母さん、お願いします」と相手にまかせ、お姑さんが帰ったら脱がせればいい。

あとは、自分の思うようにしたらいいのです。

どんなときにも、どんな場所にも、自分の考えのほうが絶対に正しいはず、と食らいついてくる人はいます。

どうしたらあの人は食らいつかなくなるのだろうとか、どうしたら相手を言い伏せられるのだろうかなどと、あの手この手で対策を考えても、そういう人はこちらの想像をはるかに超えて、しつこく食らいついてくるもの。

そのことを考えるだけで、こちらのほうが疲れてしまいます。

そういう人からは物理的に離れられたらいいのですが、身内の場合は難しいため、精神的に離れるしかありません。

この場合も、お姑さんと言いあったり、夫に文句を言ったりするのではなく、流してしまうのがいいでしょう。

「私は余計なことを言われたくないのだな」と気づいたら、そこで流す。

「あの人はいろいろ口を出したいのだな。さびしいのかもしれない」という気づきもまた、流してしまう。そして、それ以上は後追いしないこと。

行き場のない気持ちは自分で弔《とむら》う

知人の男性で、お父さまが亡くなったとき、戒名のランクでお姉さまと喧嘩をしたことをずっと悔やんでいる方がいました。

そのとき、お姉さまは最高ランクの120万円の戒名にしたいとおっしゃったそうです。男性は高すぎると止め、結局間をとって80万円のものにしたのですが、父にも姉にも悪いことをしたような、なんともいえないモヤモヤした気持ちが残って消えないといいます。

戒名は、一般的には使える字や長さによってお布施の値が変わります。4文字の人と8文字の人というように見た目ですぐにわかってしまうために、つい値の張るものをと背伸びしたくなります。お姉さまの気持ちもわからなくはないですが、とても理にかなっているとはいえませんよね。

ちなみに、そもそもなぜ戒名をつけるのか、ご存じでしょうか。

生前、仏教徒でなかった人が地獄へ行ったり六道輪廻《りくどうりんね》を回ったりするとき、少しでも閻魔《えんま》さまに優遇してもらえるよう「仏教徒としての名前」をいただくという意味があるのです。

ですから、これからあの世に旅立つというときにお坊さんの弟子になって戒名をもらって修行しなおすための名前、というのが本来の戒名の意味です。

もちろん、戒名が長いから、閻魔さまのお裁きが軽くなるなんてことはありません。戒名の長短には関係なく、仏教徒になることが重要なのです。

私は仏教に帰依する者として、仏も人も大事に思うのならば、そういうものにお金をかけるより、「かあちゃん、いま頃、あの世でどうしているかな。心安らかに過ごしているかな」と毎日想ってあげるほうがいいと考えます。

仏教用語では、それを「回向《えこう》」といいます。ことあるごとに「あんな人だったなあ」「こういうこともあったよね」と生きている人が亡くなった方に思いをはせることが、亡くなった方のいちばんの供養になるのです。


葉っぱの瞑想は、自分のモヤモヤした気持ちの回向ともいえますね。

いつまでも消えない後悔や恨みつらみ、妬み嫉みを抱えておくのではなく、葉っぱに乗せて流してしまって、あとはもう考えません。

たまに思い出したらまた流す。

それを続けるうちに、また同じような場面に遭遇しても、「ああ、そういうことあるよね」と受け止められるようになる。

これが葉っぱの瞑想です。

自分の「儀式」を決めておく

執着を流して、心をリセットする方法・その2

葉っぱの瞑想のほかに、**「リセットのための儀式」**を持つのもお勧めです。
たとえば、「私はまた、あの人と比べてしまっているな」とか「自分は苦しんでいるな」と気づいた時点で本当は8割解決しているのですが、もしもそこで「でも、やっぱり……」とネガティブな思考のループから抜け出せなくなったら、気持ちをリセットするための儀式を行なうのです。

ラグビー日本代表だった五郎丸歩《あゆむ》選手が、キックの前に祈るようなポーズをしていたのを覚えている方も多いことでしょう。

あれは、自分の意識を集中して、もっとも効果的にパフォーマンスを発揮できる「ゾーン」に入るための儀式（ルーティン）です。どんなピンチのときでも、それをやれば自分の「ゾーン」に入ることができるように、五郎丸選手は訓練を重ねてきたはずです。

多くのプロスポーツ選手はそのように精神集中をする練習をしていますが、私たち一般人も、その練習をしてみるのです。

それが身につけば、自分の感情をコントロールしやすくなります。


たとえば、コーヒーを飲むとか、深呼吸をするなど、なんでもいいのですが、何かしらの行動を「感情をリセットするための儀式」として、つねに意識しながら行ないます。

ただ漫然とコーヒーを飲むのではなく、「このコーヒーを飲んだら、私は平常心に戻る」と思いながら飲むのです。

それを続けることによって、コーヒーを飲めば気持ちが落ち着き、ほかの人と比べたり、妬んだり、イライラしている気持ちを流し、本来の自分にリセットできるようになってきます。

アロマなども、いいかもしれませんね。ラベンダーの香りをかぐとスッキリして、それまでの流れが全部断ち切れて自分に戻る、というふうに決めておく。

顔を洗う、ヨガのポーズをする、ストレッチをする、ペットや子どもなどの写真を見る、象徴的なものに触れる……なんでもいいのです。手を組むのでもいいし、自分のおでこに触るのでもいい。苦しくなったら、ぎゅっと自分を抱きしめてあげる、などもいいですね。自分の生活に取り入れやすい儀式をつくっておきましょう。それを、しっかり自分自身に意識づけることが大切です。

「たまたまコーヒーを飲んだら落ち着いた。コーヒーってすごい」という話ではなく、「私はたとえマイナス感情にとらわれたとしても、コーヒーを飲めば断ち切れる」と、**意識的に訓練をして、そういう自分をつくり上げるのです。**

できることなら、匂いをかぐ、見る、触れる、音を聞く、味わうなど、五感と結びついているものがお勧めです。

なぜなら、視覚、聴覚、触覚、味覚、嗅覚の五感は、大脳皮質とつながっているために感情を左右しやすいからです。

ふとした香りで、昔の記憶が呼び覚まされることもあるでしょう。

また、お寺などで真鍮《しんちゅう》製のお鈴《りん》の「チーン」という音を聞いたときや線香の香りをかいだとき、しんと厳粛な気分になるという人も多いかもしれません。

それは、五感がダイレクトに刺激されているから。五感によって、ここは神聖な場であると意識づけられているのです。

ですから、五感をうまく使えば、感情をリセットしやすくなるのです。

バカバカしいと思っても、とにかく続ける

医療の現場でも、こうした儀式は使われています。

たとえば、やめたいのにどうしてもタバコを吸ってしまう、お酒を飲んでしまうという依存症の患者さんの腕にゴムの輪をつけて、その行為をしたくなったらゴムをパチンと弾く、という方法があります。

これも、感情をリセットするための儀式です。

ただゴムの輪では、あまりありがたみを感じないかもしれませんね。

たとえばどこかの神社で気に入って買った数珠だとか、大事な人にもらった腕輪に価値や意味を感じるなら、それを有効利用してもいいでしょう。

それでも、たぶん最初のうちは、「こんなことをしていても意味がないと」か「時間の無駄だ」などとバカにする気持ちが出てくるはずです。

でも、そう言いながらでもいいのです。

とにかく続けてみてください。バカバカしいと思いながらもやっていくうちに、「あっ」と驚くときが来るはずです。

これは、基本的に仏教で僧たちが行なう修行と同じです。何かにしばられそうになったら、そこから離れるという練習です。

こうした練習をしばらく続けるうちに、「コーヒーを飲めば落ち着く」という状態をつくるのが上手になってきます。

すると、今度はコーヒーの見た目や味や匂いを思い浮かべるだけで、落ち着けるようになってきます。ちなみに、これは「観想」という瞑想の方法のひとつによく似ています。

あらためて、「人と比べるのをやめよう」とか「イライラするのをやめよう」と思っても、それをやめるのは難しいことです。

ですから、**比べるのをやめる方法ではなく、「比べる自分から戻る方法」を**いくつか持っておくことが大事なのです。

ザワザワを書き出してみる

執着を流して、心をリセットする方法・その3

心をリセットする方法の3つめは、自分のぐるぐるとした思考や心がザワザワ・モヤモヤしていることを書き出してみることです。

たとえば、私はがん患者さんやご家族の精神的なケアや相談を行なっていますが、がん患者さんによくこんなワークをお勧めしています。

それは、「がんになって失ったもの、損をしたこと」と「がんになってよかったこと、得をしたこと」の両方を患者さんに書いてもらうというものです。

2枚の紙を用意して、いいことと悪いことに分けて書いてもらうのです。

たいていの患者さんは、がんになったばかりの頃は「がんになって失ったもの」ばかりを書きます。

ところが、その行為を繰り返していくうち、「がんになってよかったこと」が徐々に増えていき、「がんになって失ったもの」が出てこなくなるのです。

がんになったという事実は変わりませんが、患者さんの受け止め方が変わってくるわけです。

このように、がんという大病になっても、その中から得られるものがあるという気づきのことを、「キャンサーギフト」といいます。

まわりの人の温かみがわかった、一日一日の大切さを感じた、友人の真価がわかった、素晴らしい友人ができた、自分の大切なものがわかった……など、がんを経験したからこそ得られたもののことです。

もちろん、「がんになってよかったことなんてあるわけないじゃないか」と思う方もいるかもしれません。

でも、この書き出しを行なううちに、多くの患者さんが変わっていきます。自分の病気のことしか考えられなかった視野が広がり、客観的に自分を見ることができるようになっていくのです。

すると、自然と心が落ち着いていきます。

これまで多数のガンや難病の患者さんと接してきて感じるのは、**人間というのは、どんなときでも、いいことや素晴らしいことを見つける力をそなえている**ということです。

本来、**人間は自分で自分を救うようにできている**のかもしれません。

自分が人と比べてしまって苦しいときも、この方法は有効です。

いま、自分は何に心をとらわれているのか。何に怒りを感じているのか。ぐちゃぐちゃとした部分もすべてとりつくろわず、思いつくままに書いてみましょう。

たとえば、Aさんのやることがどうしても気になってしまうとき、Aさんに関して、よくないと思うことと、いいと思うことを書いてみましょう。

自分の気持ちに素直になって、ネガティブなほうに「Aさんに負けて悔しい」とか「いつか引きずりおろしてやる」と書いたら、一方の欄には、ポジティブに感じられることを書いてみるのです。

ひとつも出てこないかもしれませんし、もしかしたら「Aさんのあの部分は素晴らしいと思う」などが出てくるかもしれません。

とにかく、ザワザワ・モヤモヤする自分の気持ちを書いてみることです。

それまでは、Aさんに対する憎しみだけに向けられていた視野が広がり、客観的な考え方に変わっていくはずです。

気持ちが落ち着かないときは、書きたいこともいろいろ出てくるでしょう。でも、気持ちが落ち着いてきたら、書きたい気持ちも徐々におさまってくるはずです。

ですから、**書く日は特に決めず、モヤモヤしていると感じたら書くこと。**

それによって、自分の気持ちを客観的に見つめなおすことが大事なのです。

物事の両面を考えてみる

執着を流して、心をリセットする方法・その4

葉っぱの瞑想では、気づいたらごちゃごちゃ考えずに流す、というお話をしました。その際、大切なことがあります。

「誰が悪い」「誰のせいだ」と考えるのではなく、自分自身の気持ちを見るだけ。余計なジャッジはしないということです。

ただし、これは案外、難しいことかもしれません。

というのも、私たちはつねにジャッジするように教育されてきたからです。

小学校にあがる前から、何かをするたびに「これはいいことかな？　悪いことかな？」と自分で判断して、いい行動を選びさいと教えられてきました。

小学校の学級会では、何か問題を起こした子に、みんなの前で「ごめんなさい」と謝らせることもありました。

どんなことにも「いい」「悪い」と白黒をつけ、ルールを守ってきました。グレーなものはグレーのままに見る、ということをしてきませんでした。

こっちがいい、こっちが悪い。こっちが正解、こっちは間違い。

私たちは白黒をつけるために、どんなものも比較して、ジャッジしてきたのです。

でも、現実の世界では「正解はひとつ」ではありません。１００％いいことも、１００％悪いこともないはずです。

犯罪を犯した人もそうでしょう。その人だけが100%悪い、わけではないことも多いはずです。

昔、某一流企業に内定が決まったことを嬉しそうに自慢していた同級生がいました。でも、その会社は後に大きな問題を起こして倒産しました。

その同級生がいま、どうしているかは知りませんが、救いは、リセットが効く社会になってきたということです。

以前は、大きな会社に入れば一生そこで働くのは当たり前でした。夫が一流の大企業に入れば、妻が働かなくても家庭は安泰という価値観も一般的でした。

でも、いまは違います。

大企業でさえも不況の波を乗り切るのは困難で、「大企業＝一生安泰」の価値観は崩れかけています。

また、自分のキャリアアップのために会社を辞める人も増えました。

社会はより流動的になり、やりなおしが効く社会になったのです。
どの会社に入れば正解という、わかりやすい物差しはなくなりました。

何が正解かなんて、誰にもわからないのです。

「中道をいく」という考え方

仏教では、これがいい、これが悪いとは決めつけず、つねにバランスを保って道の真ん中を歩いていきましょう、という考え方を重んじています。

つまり「中道をいく」ということです。

そこで、どんなときにも、いい面と悪い面の両方を考えてみることをお勧めします。道の真ん中を知るためには、道の右端と左端を知っておく必要があります。

内観で自分の心を客観的に見たとき、自分の中の悪い面やどす黒い部分に気づいてしまったら、思わずそこから目をそらしたくなるかもしれません。

あるいは、「私は、なんてダメな人間なんだろう。いい人間にならなければ」と悲観したくなるかもしれません。

そうではなく、**そのまま受け止めてください**。

目をそらさず、また、いいとも悪いとも決めつけず、ただ「**これも私の一部だ」と認める**のです。

いい面も悪い面も自分の一部であって、それがすべてではありません。

また、それはほかの人に対しても同じです。

大嫌いな人にも、必ずいい面はあるはずです。

この人苦手、嫌いと感じたら、「ザワザワを書き出してみる　心をリセットする方法・その3」でお勧めしたように、まずはいい面も悪い面も紙に書き出してみましょう。

自分にもいいところと悪いところがあるように、嫌いなあの人にもいいところと悪いところがある。

それを考えたうえで、やはり苦手で、その人と一緒にいるのが苦しいと感じるなら、そこから離れるのもひとつの方法でしょう。

また、いま、自分が「絶対」だと思っている価値観も、時や場合によって変わってくるはずです。

たとえば、どん底に突き落とされたように感じられる不幸な出来事も、あとから振り返ってみれば、その時期の自分にとって必要なことだったと感じることもあります。

反対に、そのときはラッキーだと感じられたことが、時が経ってみたら、実はそうでもなかったということもあるでしょう。

人によっていいと思われることが、ほかの人にとっては悪く思えるかもしれませんし、誰かにとってはうらやましく感じることが、ほかの人にとってはどうでもいいことかもしれません。わかりやすい「正解」はないということです。

あなたがいま、感じている価値観は絶対のものではありません。

意識の持ち方を少しだけ変える

執着を流して、心をリセットする方法・その5

心をリセットする5つめの方法は、意識の持ち方や考え方を少しだけ変えてみる。「小欲」をなるべく「大欲」へ変換させるということです。

たとえば、売上を上げて、会社でトップになりたいと思っている人がいたとします。

その場合は、自分の利益だけを考えるのではなく、多くの人の悩みがなくなるような商品やサービスを提供するためにはどうしたらいいか、と考えてみましょう。

具体的には、たくさんの人を幸せにするような商品やサービスを提供するには、どうしたらいいかと考えてみるのです。

「商品やサービスを売る」こと自体は変わりませんが、考え方が変わってくると、心持ちが変わってきます。

自分の目的はほかの人に勝つことではなく、皆の悩みを解消するような商品やサービスを提供することだと考えれば、多少、人に負けたとしても、自分の中の軸はそう揺らぎません。

その「大欲」によってわき出てくるのは、「ほかの人はともかくとして、自分はいい商品を売るために頑張ろう」という前向きな力です。それが、あなたを継続的に支えてくれるでしょう。

また、心持ちが変わると、言い方も変わってきます。

先日、夫婦間のいさかいが絶えないという女性のお話を聞きました。

その方は自分も働いていて忙しいため、夫にも家事や育児をもう少しやってほしいと思っていますが、話しあいをすると、いつも険悪になるそうです。

「普通の家では、旦那さんはもっと協力的だ」

「私も働いているのだから、お互いに協力するのが当たり前」

その女性は、よくそんな口調で夫を責めてしまうと言います。

それを聞いて私は、その言葉を聞いた夫はムッとして、女性の話などきちんと聞こうとしないだろうなと思ってしまいました。

私たちは、つい「普通」という言葉を何気なく口に出しています。

でも、「普通はこうだよね」とか「普通なら、こうするでしょ」というのはそうであってほしいという希望に過ぎません。

「普通」という言葉を借りた、その人の希望や価値観です。

いわば、隠れみの。

別に自分だけがほしがっているのではなく、世の中一般にほしがられているもの。

だから、自分がそれをほしがるのは当たり前。

なのに、その標準値にあわせられないあなたが悪い。

そのような考え方なわけです。

そこに、自分自身の軸はありません。

「私はこう思う。私はこうしてほしい」という主語はなく、「ほかの皆が」「世の中が」と、自分の軸ではない物差しで物事を見ているのです。

でも、言われた側としても、「こうしてほしい」という話にいちいち普通だの常識だのといった言葉が出てくると、周囲の人と比べられているわけですから、心おだやかではいられませんよね。

それより「私はこういうことで困っている。だからこうしてほしい」と素直に心情を吐露してくれたほうが、話を聞く気になるのではないでしょうか。

また、妻が夫に「忙しくて大変だから、家事や育児を手伝ってほしい」と言うのは、心の奥からの要望だと思います。

ただ、その人がどれだけ大変さを感じているかは、ほかの人にはなかなか伝わりにくいもの。

そこで妻が「私はもっと楽になりたい」と主張するだけなら、夫の側も負けまいと「俺だって、仕事が忙しいんだ」と、お互いの忙しさを張りあうことにもなりかねません。

そこで、「大欲」に近づけるよう、自分の考え方を見なおしてみるのです。

「私が忙しいから、夫も手伝うべきだ」という意識を、たとえばこんなふうに変えてみる。
「私は、夫と一緒に協力しあう家庭をつくっていきたい。どちらかだけが努力したり、どちらかだけが我慢したりするような夫婦だと、そのうち無理が高じて破綻してしまうかもしれない。子どもにも、そんな悪いお手本は見せたくない。だから、お互いに尊敬しあえるような夫婦の形をつくっていきたい」だとしたら、相手にもおだやかに言えるでしょう。

また、「自分が楽をするために、あなたが働いてよ」ということだと、言われた側も反発を感じます。しかし、「一緒にいい夫婦関係を築きたい」ということであれば、夫側は考えを改めざるを得ませんよね。

結果的にやることは同じでも、変わるのはお互いの心持ちです。

「忙しい妻の代わりに、夫がもっと働かなくてはいけない」から、「お互いの分担を見なおし、協力しあおう」という心持ちへ。すると、妻のほうも、夫に一方的に要求をするのではなく、協力しあう夫婦のために、自分の考えを変える部分も出てくるかもしれません。

お互いの心持ちが変わってくると、お互いの関係性も変わってくるのです。

言い方を変える前に、意識の持ち方を少し変えてみる。自分の利益だけでなく、ほかの人の利益も考えてみることです。

また、人から言われるからやるのではなく、「自分のためになる」や「自分がやりたいことだから」と考えてみることも大事です。

子どもの宿題も、仕事のノルマも、ほかの人から課されてやっていると思うとつらいですよね。

でも、自分が自分のためにやっているのだという解釈をすれば、仕事のノルマは自分が成すべき課題になり、宿題は自分を伸ばすための勉強になります。
そこに、他人の軸はありません。
自分の意識ひとつで、物事のとらえ方も変わってくるのです。

いったん離れる

執着を流して、心をリセットする方法・その6

「葉っぱの瞑想　心をリセットする方法・その1」でお伝えしたのは、何かに執着しようとする無限のループからいったん離れて、自分の心を上から見てみようということです。

大事なことは、何かにとらわれそうになったら、いったん離れるということ。人間関係も同じです。

もし、どうしても人と比べてつらい思いをするなら、その場から逃げることも考えてみましょう。

知りあいに、自分の子どもをほかのお友達と比べてしまって心が苦しくなるので、ママ友の集まりには行かないという方がいました。

自分が比べてしまって苦しい気持ちになるなら、それもひとつの手でしょう。それによって、ママ友同士で張りあった会話を続けるとか、子どもを無理に塾に通わせるとか、子どもを必要以上に叱りつけるとか、間違った方向に頑張ってしまうことが減るでしょうから。

親の心のザワザワ・モヤモヤを子どもに見せてしまったら、子どももつらい思いをするかもしれません。

自分の考えを押しつけてくるような人や苦手な人からは、物理的な距離をとったほうがいいけれども、世の中には、陰険な人やパワハラをしてくる人など、本当にさまざまな人がいます。
顔をあわせるのが苦痛になるくらいなら、その人がいない場所に移ったほうがいいと私は思っています。

子どもも同じです。
もしもいじめられているなら、さっさとその学校を離れるべきでしょう。
生きていくのがつらいくらいなら、いったん逃げるという方法も「あり」だと思うのです。

もちろん、何十回も転校や転職を繰り返すなら、別の問題があるのかもしれないと考えるべきですが、心身に苦痛を感じてまで、無理にその場にとどまることはありません。

私たちには、長年の教育によって「石の上にも三年」という道徳的な考えが染みついています。

苦しいことも我慢して、苦境を乗り越えるのは大事なことですが、そこで死を考えるほど追いこまれるくらいなら、もうやめてもいい。ほかにも、学校や会社はたくさんあるのですから。

自分や子どもにとって、本当に大切なものを考えるタイミングなのではないでしょうか。

いちばんよくないのは、「勝ち負け」や「プライド」「体面」などから、その場にとどまることです。

自信がないからこそ、そうした判断を続けてしまうこともあります。

でも、「負けたと思われたくない」「できない人だと思われたくない」という思いだけで、その場にい続けることは無意味です。

苦しい気持ちは、我慢しようとしても消えないものです。

こじれた人間関係によって自分の心が苦しくなる、生きていくのがつらい、と感じたら、まずはその場を離れてみることも大切です。

SNSにとらわれかけたら？

ところで、インターネットが日常生活の一部になったいま、SNSの書きこみに一喜一憂する人も多いことでしょう。

ネットの書きこみを見ているうち、人間不信になってしまったという方、書きこみを苦にして命を断つことを選んでしまった方もいるといいます。

SNSはあくまで「仮想」の世界です。

もちろん、SNSの知りあいには、実際の知りあいも友人もいるでしょう。

でも、その情報が〝盛られている〟こともありますし、自分の本質とは関係ないところで架空の自分をデザインしていることもあります。

それなのに、それを見て自分と比べて嫉妬したり、自分にとって不快な書きこみを見て腹を立てたりする人は少なくないようです。

そんなものをいちいち気にしていたら、身が持ちません。


SNSやインターネット、テレビ、本や雑誌……どれも、リアルな情報ではありません。情報としては必要かもしれませんし、多様な考え方やスタイルの参考にする程度は結構なことだと思います。


でも、あくまで材料のひとつだということを忘れないでください。

SNSやネットによって、いちいちイライラしたり悔しい思いをしたりするなら、いっそのことそうしたものはやめてしまったほうがいいでしょう。

せめて、見る回数を減らすとか、余計な投稿はしないとか、**自分の依存度を徐々に減らしていくことです。**

フォロワーの数や「いいね！」の数は、自分の存在価値を示すものではありません。

あくまで「仮想の自分」に対する評価であって、本当のあなた自身に対する評価ではないのです。

何かをしていてつらいと感じるなら、その原因になっているものを見極めて、切り離す勇気も必要です。

私たちが普段使う「諦《あきら》める」にはなんとなくマイナスのイメージがありますが、仏教での「諦」とは、「真理」や「悟り」を意味します。

物事の真理を知り、明らかにするという意味です。

なぜ自分の思う通りにならないのか物事を明らかにして、原因がわかったら、何事も度の過ぎない「諦」の心境を持つ。

物事の道理が明らかになれば、納得して断念することもできるでしょう。

日々をおだやかに生きる仏教の智慧

諦（たい）……仏教において「諦」はネガティブな意味あいではなく、物事の真理を悟り、明らかにすることとして使われる。お釈迦さまは、四諦（四つの真理）を説かれた。

第一の真理は、生きることは迷うことで苦であるということ。
第二の真理は、その苦は飽くことなき欲望から生ずるということ。
第三の真理は、その欲望の滅した境涯が苦のない悟りであるということ。
第四の真理は、悟りを得るために正しい八つの道をとるべきということ。

ちなみに、正しい八つの道とは、正見・正思・正語・正業・正念・正定・正命・正精進のことで、これらを行なうことで、人間世界の苦悩や煩悩から脱し、悟りの境地に至るとされている。

物事にはタイミングがあると知る

執着を流して、心をリセットする方法・その7

どうしても心のモヤモヤが晴れないとき、あらがうのをやめてみるのも、ひとつの方法です。

物事には、すべてタイミングがあります。

ぐるぐる回る渦《うず》に巻き込まれたとき、逃れようとジタバタしても、足が取られて抜け出せないどころか、息をするのも苦しくなってしまいます。

それよりも、近くに木の板や浮き輪になるものがあったら、それにつかまって水の流れに身を委ねたほうがいいのです。

そして、しばらく待つうち、ふっと抜けられるときがやってきます。

もちろん、全部を諦めなさいということではなく、物事には「運気の流れ」がある、と覚悟することです。


私や家族にも、そんなときがありました。

がんの夫が在宅介護を望み、まるで植物が枯れるように旅立っていったあと。やはり、最愛の家族を亡くした喪失感は大きく、私と子どもたちは、心にぽっかりと大きな穴が空いたようになって気力がなくなってしまいました。

特に小学校2年生だった下の子は、夫の死後、学校に行かなくなりました。まだ小さかったこともあり、すぐに父親の死を受け止めることができなかったのでしょう。

自分が学校に行っている間に、母親の私までいなくなってしまうのではないかと心配だったのかもしれません。

私の両親は、そんな孫を心配して、しょっちゅう家に来ては学校に行くよう子どもに呼びかけていました。


私に対しても、「あの子がこのまま学校に行けなくなったらどうするのか」「一生を棒にふってしまうのでは」と言いましたが、私自身はしばらく何も言わず、子どもの様子を見ることにしました。

幸い、学校の先生も理解を示してくれて、プリントや宿題をときどき家に届けにきてくれるだけで、せっつくことはありませんでした。

そしてこの間、私たちが何をしていたかというと、よく東京ディズニーランドに行って遊んでいたのです。


もちろん、それで夫の死が忘れられるわけでも、悲しみがなくなるわけでもありません。

でも、心にぽっかりと空いてしまった穴を満たす何かを求めるのは、自然ななりゆきではないかと思ったのです。

ほかに何もする気力が出ないのなら、いま、心が欲するものに従おう。

私たち家族にとって、それはたまたまディズニーランドに行くということでした。

大好きな場所でまわりにいる人々の笑顔を見ているうちに、私たち家族は、少しずつ元気を取り戻していきました。

下の子が「学校に行く」と言い出したのは、夫の死から3か月たった頃でした。

ある日、ふと、自分から「学校に行ってくる」と言って出ていったのです。

当時は、ちょうどかけ算の九九を習っている最中でしたが、下の子が学校に戻ったときには、もう九九の授業が終わっていました。

もし仮に、九九がわからなくて勉強についていけなくなったら、もう一回、2年生をやりなおせばいいと考えていたのですが、結果的にはまったく問題ありませんでした。


考えてみたら、「人生100年時代」といわれるうちの、たった3か月。

それで一生を棒にふるわけはありません。むしろ、その時期に無理をさせて子どもを学校に行かせなくてよかった、と思っています。

子どもは子どもなりに、大人たちそれぞれの言い分を受け止め、自分が向きあわなければいけない「現実」との折りあいをつけたのです。そして自分で行くと決めて、学校に戻った。

3か月という時間をかけて自分で決めたことで、彼は、その後を乗り切っていく覚悟を持てたのだと思います。

そしてその頃、私自身にも大きな変化が訪れていました。

このまま看護師に復職するのではなく、仏教を学んで僧侶になりたいという気持ちがむくむくとわいてきたのです。

そのことを職場の上司に話してみたところ、引き留められるどころか、親戚に僧侶がいるからと紹介してくれたのが、高野山真言宗でした。


あとから知ったことですが、学生時代に中国を旅していた頃、とても気になって1週間ほど毎日通っていたお寺がありました。それが、真言宗の開祖である空海ゆかりのお寺だったのです。

こうして、何か大きなものに背中を押されるように、とんとん拍子に出家することが決まりました。

もしかしたら、あのとき私が真言宗に帰依《きえ》したのは偶然ではなく、意味のあることだったかもしれない。いまではそう思っています。

うまくいかないときは、無理に動かない

どんな人生にも、タイミングがあります。

なぜだかわからないけれど、何をやってもうまくいかないときや、どうにもツキに見放された日というのがありませんか？

私も、先日あるチラシを発注しようとして、あとは入金するだけというところまでいったのに、なぜかその後がうまくいかないのです。

銀行に行けない日が続いたかと思えば、せっかく銀行に行ったのに入金だけを忘れるなど、なぜか入金できない。そうこうしているうちに、チラシに大きな間違いが見つかりました。

ああ、入金しなくてよかったとホッとすると同時に、これは「いまはやらないほうがいいよ」というメッセージだったのではないかと思いました。

生きている間には、見えない壁にぶつかっているように、どうもがいても思うようにならず、まわりの人のことばかり気になって悩む時期もあるでしょう。

そんなときは、どうかあせらないでください。

それは、**「いまはそれをするときではない」**というサインかもしれません。


そんなときこそ、自分の内面に目を向けるときです。

日々の小さな出来事の中にある、「運気の流れ」のサイン。それをとらえるのは、やはり「内観」です。

何もかもうまくいかないときは無理して動くのではなく、自分の気持ちに敏感になって、いま、何をしたいのかをじっくり問いかけてみてください。

いまは物事がよどんで見えたとしても、いつか必ず心が晴れる日がやってくるはずです。

なんでも続けてみる

執着を流して、心をリセットする方法・その8

心をリセットする最後の方法は、これまでに紹介したような方法を、まずは「続けてみる」ということです。

もし途中で挫折してしまったら、どうしたらいいのでしょう。

よくそういう質問を受けますが、挫折してしまったら、またやりなおせばいいのです。

脳は飽きっぽいもの。

人間にとって、飽きるのは当たり前のこと。ですから、物事はなかなか持続しません。

私も修行中は何度、山を下りようと思ったかわかりません。

毎日つらい修行をしながら、「明日は絶対、山を下りてやる」「どうやったら山を下りられるか」なんてことばかり考えていました。

ほかの修行僧もそうだったかもしれません。

まさに「三日坊主」という言葉があるように、修行している僧だって同じなのです。

でも、先生たちもそれはよくわかっていて、最初のうちは「ようできてる」「なかなかいい」などと、よくほめてくれました。アメとムチをうまいこと使っていたのですね。

そして、とにかく私たちが修行を続けていけることを考えていたようです。

自分に対しても、アメとムチをうまいこと使ってみましょう。

前に述べたように、脳は楽しいことが大好きですから、とにかくほめて育てるのです。

三日坊主になったとき、私たちはよく「また続かなかった」とネガティブに評価してしまいがちです。

でも、そうすると脳はさらにやる気をなくしてしまいます。

ですから、いちいちそういう評価をせず、「いいよ、大丈夫。またやればいいよ」と言ってあげるのです。

そして、三日坊主でやめたら、また1からやりなおしではなく、4からカウントしてください。

子どもの習いごとが続かなくて困っている親御さんも多いようですが、その場合も、「2日休んだから、1からやりなおし」ではなく、「いいよ、ちょっと休みを挟んだんだよね」というほうが、子どもも楽しくなりますよね。

いちばんもったいないのは、続かない自分はダメな人間だと自己肯定感を低くして、「どうせ自分は何をやっても無駄だ」と最初から諦めてしまうことです。

子どもに対しても、「あなたはどうせやめてしまうのだから、お金をかけるのがもったいない」と最初から否定して、子どもの意欲を無視してしまうようにです。

ダメな人間だから続けられないのではなく、楽しくないから続けられないのです。それなら、楽しくなるようにほめたり、おだてたり、楽しませるための工夫をしたらいいでしょう。

途中でいったんやめても、バカバカしいと思っても、とりあえず続けてみなければ、効果は出てきません。

どんなことでも、続けてみることが大切なのです。

第4章

「いい比べる」を増やして生きる

相手のジャッジを変えることはできない

自分なりの人生を生きるための最後のステップは、人と比べる次元を抜け出して、あなたの心におだやかさをとり戻すことです。

繰り返しますが、この社会で私たちはさまざまなことで比べられ、優劣をつけられながら生きています。

職場での給料の査定や昇給などは当然のこと、子どもの頃からまわりの子と比べられて育ってきました。

そうしたときに発奮して頑張れる人もいれば、やる気がなくなってしまう人や世をすねてしまう人、逆恨みしてしまう人もいるかもしれません。

その反応はさまざまですが、ひとつ確実なことは、**私たちは相手のジャッジを変えることはできないということです。**

「私はこんなに頑張っているのに、こんな評価しかできないとは、あなたの見る目がおかしい。あなたの評価を変えてください」と上司に言っても、多くの場合は徒労に終わるだけでしょう。

でも、多くの人はそこに意識を向けがちです。

「上司は俺のことを見てくれていない」と愚痴《ぐち》る。

先に出世した同期の陰口を言う。

「あの人は上司に媚《こ》びを売っている」と誰かの足を引っ張る。

どれも、相手側のジャッジを変える方向にエネルギーを向けています。

ですが、それをしたところで上司は評価を変えませんし、自分の株が上がるわけでもありません。

むしろそれをすることで、自分には負のエネルギーがたまっていくだけです。


もちろん、比べられて自分が不利になったときは誰でも傷つき、心がザワザワ・モヤモヤします。

なぜザワザワ・モヤモヤするのかといえば、自分のほうが本当は優れているのに、きちんと評価してもらっていない、不当だと思っているからでしょう。

要するに、自分の価値観と相手の価値観があっていない状態なのです。


でも、**相手の価値観を自分の側にあわせることなど不可能です。**


ではどうすればいいのか。

そんなときはやはり、**「捨てる」「考えない」**がいちばんです。

傷ついてしまうのは仕方ないけれど、いつまでもその傷を後生大事に抱え込んで傷つき続けない。

もちろん誰だって「お前はダメだ、今回は主任にさせられない」と言われたら傷つきますが、そのことにこだわればこだわり続けるほど、自分が傷つき続けるのです。

もう変わらないそのジャッジは、流してしまいましょう。

とはいえ、それが難しくて多くの人が苦しむわけですが、そんなときこそ、「葉っぱの瞑想」です。「そういうことだったのですね。はい、わかりました」と思い切って捨ててしまえば、心は楽になります。

またそのときには、「比べられて苦しかった」自分の気持ちを認め、それまで頑張ってきた自分を自分できちんと評価できれば、なおいいでしょう。

我が身を振り返り、「上司は今回、私を評価してくれなかったけれど、私は私のことを頑張ったと思える。だから、いまはこれでいいのだ」と自分を認め、流すことです。

ほかの誰かにほめてもらわなくても、誰かに認めてもらわなくても、自分が頑張っていることは自分でよくわかっている。

いまはそれで十分、と思えるなら、私たちはもっと楽に生きられるのです。

外側ではなく、自分の中に「自分を肯定するための安全地帯」を持ちましょう。

情報をシャットアウトする期間も必要

つらい出来事があった直後は、ある程度情報をシャットアウトして、心を鎮《しず》める時間をつくることも必要です。

ちょっとしんどいな、限界だなと思ったときには、思いきって引きこもってもいいのです。

たとえば、昇進できなかったことで落ち込んでいるようなとき、まわりが気を遣って食事や飲み会に誘ってくれることもありますよね。

そんなときには、昇進の話題になり、「絶対、あなたのほうが先に主任になると思っていたのに」というようなことを言われるかもしれません。

そして、それになぐさめられることもあるかもしれません。

でも実は、そういった話は聞かないほうがいいのです。

聞いたときには「わかってくれて嬉しい」と感じるかもしれませんが、**ひとりになったとき、余計に心の中がざわついてしまうからです。**

結果として、「ほらね、あの人も私のほうがいいと思っていたんだ。やっぱりあの上司には見る目がない」と恨む気持ちが強くなることもあるでしょう。

場合によっては、「だから上司のところに行って直訴したほうがいい」などと焚きつけてくる人もいますから、ますます心のザワザワがひどくなってしまいます。

自分が正当に評価されなかった。

人と比べられて、自分のほうが劣っていると決めつけられた。


そんな重い石をドボンと投げられて、心の中が激しく波立っている状態のときに外部からいろいろ話を聞いても、さらに激しく波立つだけです。

ですから、情報は一度すべてシャットアウトして、波を鎮めることです。鎮まるまでには数日かかるのか、数週間かかるのかは人それぞれですが、いったん心が鎮まってから、話をする必要があれば、すればいい。

実は、それが自分の心を守るいちばん楽な方法です。

ただ、そうはいってもそれがなかなかできないものです。

心がザワザワしているときは気持ちがうわずって、誰でも彼でもつかまえてはしゃべりたくなる。

でも、まずは、それをぐっと我慢することです。

深い水底で膝をじっと抱えてちぢまるイメージです。

そして、その波が上を通っていくのをしばらくやり過ごしていると、自分自身の心も静かになり、まわりも静かになってきます。

すると、いろいろなことがクリアに見えてくるようになります。

反対に、いつまでも傷をいじり続けていると、その傷はますます膿《う》んでいきます。

そうすると、すべてのことを色眼鏡で見るようになります。

自分をよく評価しなかった上司や自分より先に出世した同期に「おはよう」と言われただけで、何か悪意があるのではないかと疑ってしまう。過剰反応してはイライラしてしまう。

しかし、そんな日々は自分を苦しめ、さらに傷つけるだけです。

自分にはどうにもならない評価は切って捨ててしまいましょう。

「愛されたい、認められたい欲」を自分自身で満たす方法

子どもの頃に傷ついてつらかった気持ちは、成長してからも潜在意識に残ることがあります。

潜在意識とは、表面に表れてくる意識とは違って、普段は心の奥に隠れている意識のことです。

心理学の分野ではフロイトがその概念を詳しく研究し、人間の行動は心の奥底に押し込まれた潜在意識によって左右されていると提唱しました。

その研究はユングやアドラーといった後の心理学者にも影響を与えましたが、仏教でも古い時代から意識と潜在意識について研究してきた人たちがいました。実は「意識」というのは、もともとは仏教用語でもあります。

私たちの潜在意識には、言葉も話せない小さな頃からの感情がたくさん溜め込まれています。

普段は心の奥に隠れていて見えませんが、何かの拍子に傷ついたり、怒りを感じたりするのは、潜在意識にその根っこがあるからです。

68ページでは、小さな頃、父親から比べられたり否定されたりしながら育ってきた人がほかの人のふとした言動に過剰反応してしまうことに触れました。つらい幼少期を歩んできた人が、大人になってから不安定な精神状態になってしまうことも、しばしばあることです。

そういうときは、親に抱きしめてもらえなかったのなら抱きしめてくれる親とやりなおすのが効果的ですが、通常、なかなか叶うものではありません。

では、自分自身で「愛されたい」「認められたい」欲を満たすには、どうしたらいいのか。

「自分は大丈夫だ」と毎日、言い聞かせることです。

そんなバカらしいこと、と思われるかもしれませんが、**毎日「私は大丈夫だ」と繰り返すことで、潜在意識に「大丈夫」を染み込ませることが大事なのです。**

意味のない「大丈夫」でも、繰り返していくうちに、潜在意識に「大丈夫」がすりこまれていきます。

自分が比べられてすぐに傷つくのは、小さな頃の影響があるのではないかと気がついたら、「それに気づいた自分はもう大丈夫だ」と言い聞かせること。

でも、幼少期からの体験がいまの自分に影響を与えているると気づいたら、「親のせいだ」と責めたくなる人もいるかもしれませんね。

最近、私は親御さんとの関係性についてもよくご相談を受けます。いわゆる「毒親」のもとで育ったという方は意外と多くいます。そういう方が、大人になってから、「私がいま、こんなにつらいのはお母さんのせい。どうしてくれるの」と母親を責めているというケースもよく耳にします。

でも、親の側も子どもを傷つけようと思ってやっていたわけではないことも多いため、そうしたケースでは親はただ謝ることしかできません。

親は子どもを苦しめるつもりはなかったかもしれないけれども、受けとる子どもの心は深く傷ついていたということもあるのです。

親を責めているうちは、「悪い親」と「責める子ども」という関係性から離れられません。それでは「毒親」だと思っている親に仕返しをしているだけで、自分の潜在意識の中にいる「傷ついた子ども」は癒されません。

そんな関係性ではお互いに不幸なままですから、**たとえまだ大丈夫でないとしても、「私は大丈夫」と繰り返すこと**です。

1回言ったらすぐに気分が晴れるものでもありませんし、効果が出ずに実感がつかめないかもしれませんが、**1回言えたら、その1回分は確実に潜在意識に染み込んでいます。**

子どもの頃に先生からほめられた一言を何かの拍子にふと思い出して嬉しい気持ちになったり、誰かが何気なくほめてくれたことが励みになって自分の背中を押してくれたりすることって、ありませんか。

私たちの潜在意識には、ネガティブなことばかり溜め込まれているわけではなく、ポジティブなこともいいことも溜め込まれているのです。

ですから、自分自身で潜在意識もうまく使ってみましょう。

「自分は大丈夫」と言い聞かせるだけでなく、なりたい自分を紙に書いて目に見えるところに貼っておくというのもいいと思います。

こうした方法は、実はよく知られていますよね。

心理学用語では「アファメーション」と呼ばれますし、自己啓発系の本などでは「引き寄せの法則」という言い方で紹介されていることもあります。

自分がなりたいイメージを何度も言ったり見たりして、肯定的な自己暗示をかけるという方法です。

自分自身の思い込みの力をうまく利用してみましょう。

心の中に、お守りやご褒美を持つ

たとえ誰かに認められなくても「大丈夫。自分は自分のままでいいのだ」と思えることがベストですが、もしもそう思えないのであれば、心の中に「つねに自分を守ってくれる存在」をイメージしてみましょう。

死んだおじいさんでも、大好きなおばあちゃんでも、犬のタロウでもいいのです。もちろん、ご先祖さまや仏さまがいつでも自分を見守り、励ましてくれていると考えるのもいいでしょう。

自分はひとりで生きているけれども、心の中にはいつも大きな存在がいて、苦しいときやつらいときにも自分を見守ってくれているというイメージです。それで少しでも安心感を持てたなら、ほかの誰かと比べて自分が勝ったとか負けたとか、ジタバタすることも減っていくのではないでしょうか。

大切なものは自分の中にある。自分はひとりであっても、孤独ではない。

そのように感じられることが大切なのです。

そうしていても、なお心が疲れきって、もうどうしようもなくつらくなってしまうことは誰にでもあります。

無理やり笑顔になろうと努力しても、とうてい無理だというときは、いっそのこと自分を甘やかしてしまいましょう。

仕事や家事や育児も休めるのであれば休み、ほかの人にまかせられるときはまかせて、心も身体もしっかり休ませることです。

また、自分が元気になれるような、ちょっとしたご褒美を用意しておくのもひとつの方法です。

好物を食べる、お気に入りのレストランに行く、大好きな場所に行く、音楽を聴く、大切な人と会うなど、**「これがあれば元気になれる」「これをやると心が楽になる」というツールをできるだけたくさんそなえておく**のです。

お酒でも恋人でもかまいませんが、ひとつだけの場合はそれだけに依存することになってしまいます。

お酒がなければ立ちなおれない、恋人がいなければ不安だということになると、それはそれで深刻な状態に陥ることになります。

また、好きなお店が閉まっていることや、遠くに行けない場合など、物理的に制約されることもありますので、どんな状態でも何かしらのご褒美を享受できるよう、たくさんのツールを用意しておいてください。

食事や旅行、読書、趣味、スポーツ、ドラマや映画、アイドル、グッズ収集など、なんでもいいのです。


自分が心から楽しいと思えるもの。

思いっきり羽根を伸ばせる場所。

会うことで、安心できる人。

どうしてもイライラの波や不安が押し寄せてくるときは、そうしたご褒美を楽しんでみてください。

それによっておだやかな気持ちを取り戻し、人と無駄な比較や争いを避けることができるなら、罪悪感は感じなくてもいいのです。


日々の生活の中から、「これをやるとイライラしてしまう」ということを徐々に減らしていき、「本来の自分に戻ると感じられる」ことを徐々に増やしていく。

それが、あなたの心をおだやかにする秘訣です。

過去の後悔が止まらないときは、「選択できた自分」を認める

よく、過去のことをずっと後悔しているという方がいます。

たとえば、先日お話をうかがっていた患者さんで、子どもが幼い頃に、自分が働きに出ていたことが悔やまれてならないという方がいらっしゃいました。

その方は出産後まもなくフルタイムで復帰され、激務だったのでお子さんはおばあちゃんや保育園に預けっぱなし。

そうこうしているうちにお子さんが中学校に入り、自分も仕事に余裕が出たと思ったら病を得た。

「こんなことになるなら、仕事なんかやめてもっとそばにいればよかった」とおっしゃるのです。

お子さんがさみしかった悲しかったと訴えていらっしゃるかというと、そういうわけではありません。

まだ10代で母親が亡くなるかもという不安にさらされているのに、気丈に「母は家族のために一生懸命働いて無理もしたと思うので、今度は私が支えます」とおっしゃいます。

お子さんも、ご主人も、みんながその方の努力を認めていて、支えようとしている。でもその方にとっては、お子さんの面倒をみなかったこと、仕事に時間をとられ、よい母親でいられなかったことが悔やまれてならないのです。

もちろん、過去の自分の選択や行ないを悔やむ気持ちは当然です。けれど、過去には戻れません。

だとしたら、自分がしてきた選択は、そのときにできた最善のものだったと考えてみることも、時には必要です。

それまでにどのような経緯があったとしても、自分が選んで決断したことがそのときのベストアンサーだった。

「あのとき、ああすればよかった」「こうすればよかった」と悩んでも、そのときの自分にはそれしか選べなかったということなのです。

むしろ、そうした状況で決心し、実行した自分を認めてあげてください。

どんなに後悔しても、過去に戻ってやりなおすことはできません。

でも、「あのときは、ああするしかなかった」と心に刻むことで、あなたの心はよりおだやかになり、これからの人生が生きやすいものになるはずです。

後悔しない人はいない

もちろん、誰だって後悔の波から逃れられないときはあります。

前述したように、特に大事な方の死と直面する看取りの現場では、「後悔していない」というご家族にはお会いしたことがありません。

何をしても、何を選んでも、家族は後悔するのです。

私自身もそうです。

夫の希望にそって在宅医療で看取りましたが、家族で死を見届けられてよかったと思う一方で、果たして万全な治療ができただろうか、積極的な治療をしたほうがよかったのではないかと、いまだに後悔を残している部分もあります。

でも、そうかといって、夫の希望を無視して入院させていたとしたら……。

夫はきっと人工呼吸器や点滴につながれ、栄養を送る管を鼻から入れられていたでしょう。それは本人にとって不本意なことでした。

私もいま頃は、本人の気持ちを無視した治療を受けさせなければよかったと、後悔していたのではないかと思います。

結局、どの方法を選んだとしても、人間というものは後悔するようにできているのでしょう。

ですから、後悔をしてしまうのは仕方のないこと。

大事なのは、**そのときの自分を認めたうえで、後悔から学べるところは学ぶことではないでしょうか。**

「出来事」は、あなたの課題に気づくためのメッセージ

たとえば、仕事で損失を出したとか、人と喧嘩したという失敗を犯してしまったとき……。

そこから学んでいくべきことを抽出して、自分の課題としてとらえることは、難しいですが大切なことです。

それによって、次に同じような出来事が起こった際には、少し違った目線で向きあうことができるでしょう。

ですから、失敗をして後悔することがあったら、それは「あなたの課題に気づきなさい」というメッセージだったのかもしれないと、とらえてみましょう。「あれさえなければよかったのに……」という後ろ向きの視点では、そこから学ぶことへ目が向きません。

その出来事から何かを学び、次に同じことが起こらないようにするとか、上のステージに上がることに利用するというのが、失敗のいい使い方です。

私たちは、ステップアップするために、すべてを与えられている。不幸に思える出来事も、幸福に思える出来事もすべて、今生《こんじょう》の自分に与えられたメッセージなのだ。そうとらえてみませんか。

また、ある程度年齢を経てくると、そのときには断片的に思えた出来事も、実はいまの自分にしっかりつながっていたと思えることがあります。

私の場合は、大学のときに語学留学で中国に行ったことが、その後の出家にもつながりました。

また、台湾は「死の満足度」（クオリティ・オブ・デス）調査でアジアのトップで、大学が臨床宗教師を育成するなど「看取り先進国」といえる国です。私も台湾には頻繁に足を運び、医療現場で学ばせていただいています。

そこでも、また日本の医療の現場でも、最近は中国系の方が多くなっていますから、大学時代に学んだ中国語は非常に役に立っています。

しかしもちろん、大学の頃は将来、自分が看護師やお坊さんになっているなんて想像もしていませんでした。

すべてのことには意味がある

人生はすべてつながっている。

若いときに何気なくやっていたことや、トライして途中で挫折したことが、のちの人生では案外、生きてくることもある。

年を重ねるごとに、そう実感しています。

若い頃は、全体像が見えていません。

それゆえ、何をしても続かない自分が嫌になることもあるかもしれませんが、多くの人や場所を見てきたことが、あなたの血や肉になっています。

これまでしてきたことには何かしら意味があるのです。

悔しいと思う気持ちも苦しいという経験も、自分の一部になっていきます。問題は、それをどう活かすかということです。

病気もそうです。

たとえば、がんという大病になった事実は変えられません。

でも、「キャンサーギフト」に気がついた人たちのように、自分がそれをどうとらえるかによって、その先の人生が変わっていきます。

人と比べて自分は運が悪いとひがんでも、生まれてきた環境を恨んでも、その事実は決して変えることはできません。

私たちにできることは、学ぶことだけ。

学びこそが救いになる。私はいつもそう思っています。

過去は誰にも変えられませんが、**未来を変えていけるのはあなた自身なのです。**

どうせ比べるなら、「いい比べ」を増やそう

「ほかの人も、私みたいに『死にたくない』って言っていますか？」

私がたくさんの方を看取っているのを知っているためでしょうか、余命宣告をされた方のところへうかがうと、ほとんどの方がそう聞いてきます。

自分の感覚や反応を、ほかの人と比べようとしているのですね。

そこで達観している人の話をしても意味がありませんから、「みんな、同じように言っていますよ」とか「みなさん、心配なんですね」という話をする

と、「やっぱり、私だけじゃないんだ」と安心されるのです。

自分が不安なときに、ほかの人がどうしているかを知りたくなるのは人間の自然な姿です。

ですから、もしも誰かと比べることで、ほんの少しでも安心を得られるのであれば、比べるということも悪いことばかりではないでしょう。

それは、患者さんのご家族も同じです。

ご家族を失うのははじめてという方もいますし、何度経験しても、決して慣れるものではありません。

苦しむ家族のために、何をやってあげたらいいのかわからない。

これから訪れる家族の最期に自分が向きあえるのか、不安でたまらない。

医療面だけではなく、心がまえや精神的ケアの面でも家族は悩むのです。

ですから、ご家族とそういうお話をさせていただいたあとに、ふと「ほかの家族って、どうされているのでしょう？」と聞かれることも少なくありません。

そこで、「どこのご家族さんも同じですよ。静かな気持ちでいられなくて、当然なんです」という話をすると、みなさん、ホッと安心されるのです。「自分たちだけが右往左往して何もできていないのかと思っていたけれど、それを聞いて安心しました」と言って。

もしも人と比べずに、「私はこう」「うちはこう」と決めて、迷わずにいられるなら、そのほうがいいでしょう。

でも、**どうしても不安から逃れられないのなら、より安心できる比べ方をしたらいい。**

私はそう思っています。

「いい比べ」で自分に軸を取り戻す

それでも、やっぱり最後は必ず自分の軸で決めることが大切です。

人生の最期も、何か物事の最後も、とにかく、最後というのは、何をしても、何をしなくても、少なからず後悔は残るもの。

だからこそ、自分で決めることが大事なのです。


「比べる」という煩悩を完全に止めるのは難しいことですから、比べる気持ちをうまく利用するのも、またひとつの方法です。


たとえば、あいつは頑張っているけれど、どうせ自分はダメな人間だ。

だから、あいつの足をひっぱってやろうというのは、「ネガティブな比べ方」。自分や周囲を消耗させるだけです。

でも、自分と同じような人を見て安心するとか、ライバルを見て頑張ろうと思えるなら、それは「ポジティブな比べ方」ではないでしょうか。
前向きに使えるなら、使ってもいいのではないかと思います。

やみくもに張りあうのではなく、ライバルの優れたところを認めたうえで、自分なりの持ち味や強みを考えなおしてみるのです。

あいつにはない、自分だけの強みってなんだろう。
自分はこれから何をしたいのか。
どう生きるのか。

ライバルの存在を、単なる憎い相手ではなく、自分の生き方を見直すきっかけにする。ライバルを利用して、自分に軸を戻すということです。

「いま、死ぬとしたら」を考えると、見えてくる大切なこと

人と比べず、自分の軸で、いつもおだやかな心で過ごす。

これはとても簡単なことのようですが、実際はそう簡単ではありません。

毎日、おだやかに生きる練習をしていないと、うまくいかないのです。

そのためには、「あの人に勝った」とか「あの人ばっかり得をしてずるい」といった、本質とは関係のない部分ではなく、自分にとって何が大切なのかをしっかり考えてみることです。

私はスピリチュアルケアの活動を行なう中で、来たるべき死について考える「デス・トライアル」というワークショップを行なうことがあります。
これは、自分の体が死に向かうプロセスを想像してもらいながら、いま、自分が大事だと思う30個の物事の中から少しずつ捨てていって、本当に大切に思えるものだけを残すというプログラムです。
少し長くなりますが、やり方を紹介しますね。

〈デス・トライアルの進め方〉

用意するもの：ふせん・ペン

①自分にとって大切なものをふせんに書いていく

「1：物として大切なもの」「2：人やペットなどで大切なもの」「3：夢や希望など、やってみたい大切なこと」の3つのジャンルについて、それぞれ10個ずつ、合計30個書き出してもらう。

②「余命は半年です」と告げられた人の気持ちを感じてみる

目を閉じて静かに座り、司会役の人物から、ここは病院の診察室であり、医師によって余命半年であることが告げられたという説明がなされる。

参加者は、「死を宣告された人は、〈否認〉→〈怒り〉→〈取引（死の現実を避けられないかと神と取引しようとする）〉→〈抑うつ〉→〈受容〉の5段階を経て死を受け入れるようになる」というエリザベス・キューブラー・ロス氏の「死にゆく人の心の受容プロセス」をもとにした物語の主人公となる。

③「認められない気持ち」を感じてもらい、大切なものを6つ捨てる

自分が死ぬなど信じられないという「認められない気持ち」になってもらったところで、30個の中から6つのふせんを選び、床に捨ててもらう。

④「怒り」を感じてもらい、大切なものを6つ捨てる

体がだるくなってきて、疲れがひどくなってきたという説明をし、死に向かう体の状態をイメージしてもらう。さらに、受容プロセスの次の段階「怒り」の状態を説明し、その気持ちになってもらったところで、残り24個の中から6つのふせんを選び、床に捨ててもらう。

⑤最後の1個になるまで、大切なものを捨てていく

「抑うつ」の段階あたりからお香を焚き、五感でイメージしやすくする。

受容プロセスの5段階を体験していきながらさらにふせんを捨てていく。

最後の1つのふせんが残ったところでチーンと鉦を鳴らし、最後の1つも捨ててもらったら、各自、瞑想に入る。

⑥その場にいる全員が体験をシェアする

瞑想をしばらく続けた後、意識を覚醒させる。

参加者に、最後に残したものとその理由、やってみてどう感じたかをひとりずつ話してもらい、感情を共有する。


最後にひとつ残すものについては本人の自由であり、いい悪いは問わない。

ただ自分の死を意識し、自分にとって何が大事なのかを問うことが、いまの生き方を見直すきっかけになるととらえている。

最後に残す1つは、家やお金などのモノを選ぶ方もいれば、家族や友人、ペットなどの生き物を選ぶ方もいます。夢や希望など、やってみたいという思いを選ぶ方もいます。

何を選ぶかは、その人の自由です。

大事なのは、**自分にとって「何が本当に大切なのか」**を考えること。

死を目の当たりにしたとき、はじめて自分の人生を振り返ったという人は少なくありません。

かつて人は祖父母や親、親戚などの死に接することで、自分の死のイメージをつかんできました。

大事な方が亡くなっていくのを間近に見て、自分もいつかはこうなるのだと自分の死をイメージすることができたのです。

それなら、残された時間をどう生きようかという覚悟へつながることもあったでしょう。

でも、医学が発達し、寿命も格段に延びたいま、私たちは死ぬことから遠く離れて生きるようになりました。

いまや、病院で亡くなる人は8割以上です。

家で亡くなる人が激減してリアルな死に接する機会が稀になっただけではなく、お葬式も家族葬や密葬など、ごく身内の方だけで済ませる形式が増えています。

それによって、自分の命は有限であり、いつか必ずなくなってしまうもの、という死のイメージを持ちにくくなりました。

でも当然のことですが、人間はいつか必ず死にます。

そのときに「ああすればよかった」「これをすればよかった」と後悔をしても遅いこともあるのです。

それを元気なうちに前倒しして、じっくり考えてみましょうという試みが、デス・トライアル。**自分の本質を見つめる練習です**。それはそのまま、自分の軸で生きる練習でもあります。

自分が死ぬという前提で考えてみると、「これをしておけばよかった」というものがたくさん出てきます。

中でも特に多いのが、次のような感想です。

「もっと家族に優しくしておけばよかった」

「親に『ありがとう』と言っておけばよかった」

ごく身近な方に対する配慮なのです。

ですから、ワークショップでそういう感想が出てきたら、私は「では、今日からすぐそれをやりましょう」というお話をします。

死ぬときに後悔することが思い浮かんだら、いまからそれをやればいい。いまの生き方に生かせばいいのです。

「あのときああすればよかった」

「あの人のように生きたかった」

と思わないように、いまからそうするのです。

生きているということは、想定外が連続すること

もちろん、最初はうまくできない人も少なくありません。

いきなり「ありがとう」なんて照れくさくて言葉には出せないでしょうし、急に優しくしようと思っても、なかなかできることではありません。


でも、自分にとって何が大切かを日々意識して生きることが重要なのです。

そしてうまくできないなりに少しずつ言葉にし、行動に移すことです。

また、「死そのものを考えることが恐ろしい」と言う人もいます。

そんなときは、なぜ死が怖いのかを考えてみましょう。

たとえば、この世に子どもを残していくのが心配だというなら、子どもを残しても大丈夫だと思えるような対策にいますぐ取りかかることです。

子どもがなるべく自立できるように普段から家事を手伝わせるとか、親族との関係性をよくしておくなどです。

気になることがあるなら、いまから対策を練りましょう。

折しも本書の執筆に取りかかった2020年の春から夏にかけては、新型コロナウイルスが世界中で猛威を振るい、多くの人が「感染したら、死ぬかもしれない」という不安に直面しました。

私が関わっている緩和ケア病棟では、「残り少ない日々を、思い残すことなくご家族と過ごせるように」との配慮から、以前までは時間の制限なく行なわれていた家族との面会が、感染者増大の余波を受けて一切禁止になりました。

涙ながらに「死ぬ前に一目でいいから会わせて」と双方から懇願されても、断らなくてはならず、「せめて最期の瞬間だけでも」という願いも叶えられないまま亡くなる患者さんが大勢いらっしゃいました。

現場の看護師や私たちも、最期のご希望に応えることができず、切ない思いをしました。

けれど、「いま、本当に大事なものは何か」を常日頃から考え、積み重ねてきていたなら、後悔は残りますが「会えていた時間にできるだけのことはした」と自分を慰めることもできるのではないでしょうか。

もし、面会禁止の病棟ではなくても、「よそのご家族がお見舞いを遠慮しているのなら、うちも控えなければ」と会いにいくことを控えているうちに、患者さんが面会禁止の病棟に移ってしまったら、「あのとき会っておけば……」という後悔はひとしおでしょう。

現実は一筋縄ではいきません。

生きているということが、仏様から与えられた課題のようなものですから、いろいろな問題が起こります。

これから先、あなたが生きていく過程では、予想していなかった難題も降りかかるでしょう。

けれど、そのとき、判断の基準を「世間様」や「ほかの人」におかないことです。

周囲のことも気遣いながら「いま、本当に大事なものは何か」「自分はどの価値観で、どう行動するのか」を決断するバランス感覚が問われるのです。

情報に振り回されず、自分の評価の基準を他人まかせにしていないかを日々振り返ること。

不確実な世の中だからこそ、他人と比べず「自分の軸」を持つことです。


あなたの人生を幸せにできるのは、あなただけなのです。

おわりに

「私のほうができる」「あの人と同じくらいだ」「自分のほうが負けている」……。比べることはなかなかやめられないものです。

お釈迦様の教えでは、比べてしまう心のことを「慢」といいますが、「慢」は私たちの持つ欲の心のひとつです。

自分より偉い人と比べて「偉い人∨自分」「偉い人＝自分」「偉い人∧自分」と測る増上慢。

自分と同等の人と比べて「同等の人∨自分」「同等の人＝自分」「同等の人∧自分」と測る同等慢。

自分より劣っている人と比べて「劣っている人∨自分」「劣っている人＝自分」「劣っている人∧自分」と測る卑下慢。

「慢」には、３×３＝９種類があるといわれています。比べる相手によって「私」が上がったり下がったりするのが慢ともいえます。

優れているとか劣っているとか、その基準は一体どこにあるのでしょう。いえ、そもそもないのかもしれません。勝手に「私」が作りだして、勝手に「私」が比べて、勝手に「私」が落ち込んだり得意になったりしているだけ。はあ〜。ため息がでちゃいますね。なんともはや、人間は疲れます。

昨今、ＴＶでも雑誌でもＳＮＳでも、人さまのありさまについて過剰に意見する人が増えているように感じます。本来なら当事者だけで悩み、話しあい、折りあいをつけて乗り越えていくのであろう繊細な問題に、あったこともない赤の他人があれこれ口を出す。しかも、その機動力となっているのが愛ならまだしも、「正義」や「常識」という虎の威を借りて、妬み嫉みをぶつけているだけのようにしか感じられないから、見ていて苦しくなる。

まるでお互いの首を絞めあっているようだもの。それでいて、本当にすぐにでも手を出してなんとかしなければいけないことに限って、見て見ぬふりをして……一体どうしちゃったんだろう。

このままいくと、ますます、どんどん、もっともっと、生きにくい世の中になってしまいそうです。いまでさえ、金魚鉢の中は酸欠状態で、金魚さんはお口をパクパクしているのに。このままでは、いけないんじゃないかしら。

さて、どういたしましょう。

取り急ぎ身近なところ、できることから始めようと思います。

まずは、子どもに「○○君みたいに少しは勉強頑張ったら？　このままじゃ、○○君より下の学校に行くことになるよ！」って、言わないようにしよう。そんなこと言ったら、この子は誰かライバルがいないと頑張れなくなってしまう。自分のために頑張ることができなくなってしまう。

「いいね！」の数を気にするのもやめよう。人さまの目に触れることや評価を求めてやる行動は、善行でも、幸せでも、楽しみでもないことを肝に銘じよう。「いいね！」ばかり気にしていたら、自分の心の充実感、自分の心から見て楽しいかどうかがわからなくなってしまう。

そして、誰も見ていないところでも道にゴミが落ちていたら拾おう。

スーパーでリンゴを買うとき、あれこれ手に取って〝いちばんいいもの〟を選ぼうとするのをやめよう。パン屋さんでちょっとでも大きくてきれいに焼きあがっているパンのほうがいいと思うのをやめよう。


それでも、比べる心「慢」を止めることはできません。煩悩＝「煩わしく悩む」ものだもの、簡単には消せません。お釈迦様は、「無分別智《むふんべつち》」とおっしゃる。ものごとをありのまま、そのまま受け入れなさいって。分けて、差別すれば、「比べる」が生じる。でも、分別しちゃう。あーあ。たぶん、今回の人生ではずっと取り組んでいかなければならない課題なんだろうなあ。

ならばせめて、自分もまわりも少しでもハッピーになる比べ方をしたいもの。

まず、比べる心はあると認めよう。でも、人に迷惑をかけるような、人の気分を悪くさせるような、人を悲しませるような比べ方はしないと肝に銘じよう。

大事にするのは、自分の良心から見て正しいかどうか。自分の価値観から見て価値があるかどうか。「自分がどうありたいか」を基準にするんだ！

そんなかっこいいことを言っても、人間は弱いものです。気がついたのに、すぐ忘れちゃう。すぐ揺らいじゃう。だから、みんなで一緒にいるんだよね。足をひっぱりあうためではなく、手をひっぱりあうために。

私が悪い比べ方をしだしたら「そっちじゃないよ」と手をひっぱってください。あなたが不毛な比べ方をして無駄に落ち込んでいらっしゃるようなときには私が、「ちょっとちょっと、大丈夫かい」とあなたの手をひっぱります。

人生は、長くたって１００年ちょっと。苦しいより楽しいほうがいい。悲しいより嬉しいほうがいいですよね。あれ？　これも比べてるってことかしら⁉

ほんっとに、比べないってむずかしい。

だから一緒に踏ん張りましょう。比べない習慣。これは人生修行の課題です。

２０２０年10月　玉置妙憂

玉置 妙憂（たまおき　みょうゆう）
看護師。僧侶。二児の母。東京都中野区生まれ。専修大学法学部を卒業後、法律事務所で働きはじめる。長男が重度のアレルギー症状を持っていたことをきっかけに、「息子専属の看護師になろう」と決意。国立病院機構東京病院の看護学校で学び、看護師として病院で働きはじめる。その後、カメラマンだった夫のがんが再発。最愛の夫を“自然死”で看取ることになるが、その死にざまの美しさから開眼。出家を宣言し、高野山真言宗にて修行を積み、僧侶となる。現在は現役の看護師として勤めるかたわら、非営利一般社団法人「大慈学苑」を設立し、患者本人や家族、医療と介護に関わる多くの人々の心をおだやかにするべく、院外でのスピリチュアルケアに力を注いでいる。また、子世代が“親の介護と看取り”について学ぶ「養老指南塾」や、“在宅での看取りとスピリチュアルケア”について学ぶ「訪問スピリチュアルケア専門講座」も展開。講演会やシンポジウムを開催するなど、幅広く活動。『死にゆく人の心に寄りそう』（光文社）など著書多数。

心《こころ》のザワザワがなくなる　比《くら》べない習慣《しゅうかん》

2020年11月１日　初版発行

著　者　玉置妙憂

発行者　杉本淳一

発行所　株式会社日本実業出版社　東京都新宿区市谷本村町３−29　〒162-0845
大阪市北区西天満６−８−１　〒530-0047
編集部　☎03-3268-5651
営業部　☎03-3268-5161　振　替　00170−1−25349
https://www.njg.co.jp/

印刷・製本／新日本印刷

ISBN 978-4-534-05813-3　Printed in JAPAN